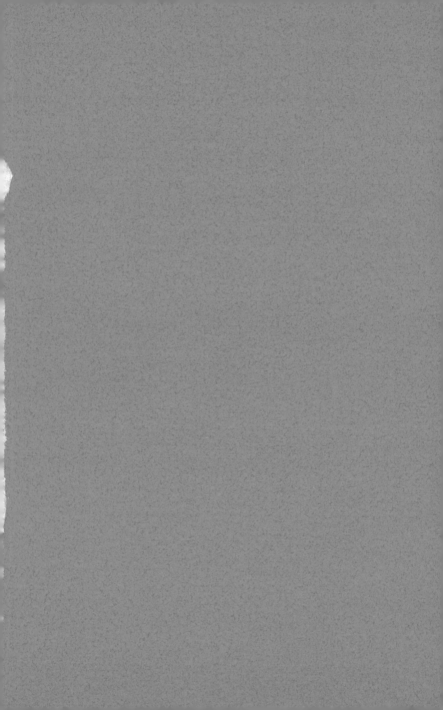

介護で儲けて何が悪い

金なしコネなし人脈なしの僕が
年商60億円を稼ぐまで

谷本吉紹

徳間書店

この本のトリセツ

はじめまして。株式会社エースタイル代表の谷本吉紹です。おそらくこの本を手に取った方の多くは、介護ビジネスに興味がある方か、お金儲けをしたい人がほとんどだと思います。若い頃の僕もその中の一人でした。

僕は縁があって介護業界に飛び込んで、現在は年商60億円を誇る企業の代表を務めています。介護業界って一般的には3K（きつい、汚い、危険）の職場であり、低賃金というイメージが根強くあります。だけど、僕はこのイメージを払拭したいと考えています。そのためには、世のサラリーマンが今の日本社会では年収1000万稼ぐのが難しいところを、介護職員でも十分可能だということを証明することが、「介護の虎」と呼ばれる僕の使命じゃないかと日夜奮闘し続けています。

資本主義社会では、企業は儲けないと生き残れません。介護業界も例外ではありません。かつては、公共の福祉の名のもとに、自治体や補助金目当ての社会福祉法人が長年、介護業界の中心をになっていました。しかし、2000年度にスタートした介護保険制度のスタートにより民間業者が参入できるようになって、「介護戦国時代」が幕を開けました。介護ビジネスは利益を出しにくいといわれているけれども、自由な発想を持った経営者が工夫次第で十分な利益を出そうと模索してきました。その一つが民間ならではのマーケティング調査です。介護業界に欠けていたのが、まさにマーケティングの視点でした。

エースタイルの本社は大阪市城東区の鴫野《しぎの》という場所にあります。大阪の人なら鴫野というコテコテの下町に本社があることを不思議に感じるかもしれません。ところが、鴫野こそ介護ビジネスの拠点としてはベストな地域だと僕は考えました。そもそも大阪の城東区というのは、ポテンシャルの高い街。人口密集率でも大阪24区内でもトップクラスを誇ります。その一方で、大手の大企業の本社が数多く存在し、行政的にも税収が多く、非常に潤っているエリアでもあるんです。僕はそこに目をつけました。城東区は外部からの住民の受け入れを積極的に進めているほか、福祉も手厚いことから、大阪のベッドタウンとして人口が減りにくいという特長がありほか。さらに言えば、将来的にも活力あふれるエリアだというのが見通せます。

加えて、この地域を歩いてみるとわかりますが、おじいちゃんおばあちゃんのみならず、都心部と違ってファミリー層が多く住んでいます。ご年輩の方が多ければ潜在的に利用者の需要が多いというのは、察しがつきます。そこから一歩進めて、日常的に自宅でおじいちゃんやおばあちゃんの介護をしている子どもや孫世代が数多くいることも見逃せません。介護職員の多くは日頃から家庭でも親世代の介護をしています。彼ら彼女らにとって、介護職は「職住近接」でなければなりません。介護職員の確保という点でも鴫野は好立地。こうしたビジネス上の知見を駆使して事業を拡大し、僕たちは「介護ビジネスは儲かる」ことを証明してきました。

ビジネスの本質は競争です。同業他社より頭一つ二つ秀でないといけない。そのためには工夫を凝らして、まず利用者を集めないといけない。利用者が集まれば、それが企業に優位性をもたらします。ひいては介護ビジネスにおいては、最終的に利用者の利便性にもつながるわけなんです。つまり鴫野で一番の介護業者になれば、城東区でも一番になれる。その先には大阪でも全国でも事業ができるという思い一つで、これまで事業を続けてきました。

おかげさまで年商60億円にまで会社が成長しましたが、今の僕の経営者としてのキャパシティでは、自分の目が行き届くベストな規模での事業展開ではないかと自負しています。結果的に僕らは儲かっちゃうんです。

僕はビジネスをやる限り、一時的な利益に走り、最終的に会社が継続できなくなってしまうのが一番の罪だと思っています。結局、経営者の最大の務めは会社を存続させること。一時的なボロ儲けのために、お客様を裏切るような商品やサービスを売りつけているようでは、後々、悪い噂が立って会社が立ち行かなくなる時が来る。ましてや介護ビジネスは、従業員やステイクホルダーさんを守っていくためにも長期的なビジョンが不可欠です。自分が老いた時や大切な両親や祖父母などの家族が安全に暮らせるお手伝いをするために存在している業態でもあります。そのためには「儲けることが正義」であり悪ではありません。少々挑発的ですが、僕はこの本のタイトルみたいに「介護で儲けて何が悪い」って、いつも心の中で叫んでいます。

と、ここまで立派なことばかり書き連ねてきましたが、僕はれっきとした「社会不適合者」。いわゆる落ちこぼれでした。自分の生い立ちは、一人親やったし、不登校児どころかドロップアウトして、なかば自暴自棄になっていた時期もありました。中には「オレの方がダメ人間だ」と思いながら、この本を立ち読みしている人がいるかもしれません。安心してください。僕の方が間違いなくダメダメでしたから(笑)。

そもそも僕は普段、本を読みません。勉強嫌いの僕は、まったくと言っていいほど本とは縁のない人生を送ってきました。尊敬するソフトバンクグループの孫正義さんの本しかり、起業家として影響力の大きいホリエモンさん。さらには僕が今、力を入れて更新しているＹｏｕＴｕｂｅのトッププランナーであるヒカルさんのベストセラーですら読んでいません。だから僕は本を読まない人の気持ちがよくわかります。経営者が自分のことを美化するあまり、自慢話ばかり書いているような本が苦手です。「最初からこの社長、金持ちだったんちゃうん」というビジネス書なんて、誰が共感するんでしょうか。少なくとも僕は読みたくないですね。

だから僕はこの本の出版の話をいただいた時に、リスクをとって自分のことを包み隠さず書くことにしました。きっと子どもや孫が大きくなってこの本を見つけたら「おじいちゃん立派そうに見えてムチャクチャだったやん」と言われるかもしれません。でも僕はビジネスマンとしては今が最高に脂ののっている時期だと思っています。だから現時点の僕の人生の中間報告を清濁併せて記録として残すことに何の気恥ずかしさもありません。もちろん自分の家族にも読んでもらいたいし、何かの偶然でもこの本を手に取ってくれた人にとって何かしらの「気づき」があれば、これ以上うれしいことはないです。

若い人にとって、日本は希望のない国でも、考え方・行動一つ変えれば人生は変わります。これが僕からのメッセージです。

どんなダメな人間でも考え方一つで人生は全然変わるんです。行動力さえあれば、道は開けるんです。日本は希望も何もないと感じている若者は少なくないでしょう。しかし世界情勢を見渡せば、客観的に見て、この国に生まれたことはとても恵まれています。飢え死にはないし、暗闇でいきなり身ぐるみはがされることもないんですから。もし仮にビジネスで失敗しても命はとられません。一切収入がなければ生活保護すら受けることもできる。つまり仕事がなくても人並みに生きることは可能です。こんなぬるい国は世界中を見回してもないですよ。

この本は、日本は希望のない国だと思っている人、自分には何の取り柄もないダメ人間だと思っている人にこそ、読んでもらいたくて書いています。どんなに自分が底辺の人間だと思っている人でも、大半の人は自分のこと好きですよね。大げさに言えば、言葉にこそしないものの「自分サイコー」って思ってないですか。ただ周りの世界が眩しくて自己肯定感が持てないだけ。だったら自分の可能性を信じてチャレンジする。それだけでいい。人生は1回きりじゃないですか。僕は学校の勉強は嫌いでしたけど、誰よりも負けず嫌い。自分が人生でキラキラと輝くための実業の勉強は苦ではありませんでした。たぶん、読者のみんなもそうじゃないかな。

だから自分の人生は「10戦10勝」の負け知らず。僕の人生には負けの文字がないんです。だって絶対に負けを認めませんから(笑)。振り返れば他人から見れば「あれは負けやろ」という局面は何度もありました。それは本の中でいくつも紹介しています。めちゃめちゃへこんだ経験なんて山ほどある。それでも「失敗しても負けはしない」。これが僕の持論です。

44歳の今になって実感することがあります。それは「人間の器」というのは、チャンスとピンチの両方を乗り越えて成長するということ。そして「人間の器」の大きさに比例して、「お金の器」も大きくなるということです。かつて僕は、10代の頃にDJパーティーを主催して1晩に同世代の若者の月収ほどを稼いでいました。でも結局、服を買ったり飲み代を奢ったりして、ほとんど手元にお金は残りませんでした。つまり、チャンスだけつかんでも大きなお金は一時的なボーナスにすぎません。

むしろ、チャンスとピンチの両方を乗り越えて、ようやく人間的に一人前になったと思った時に、気づけばケタ違いの大金が残るようになった。それが現在の僕です。結局、10代の頃と今の人間的な器の差が、金銭的な評価となって返ってくると僕は信じています。

実は、SNSやYouTubeなどスマホやパソコンを自在に操る今どきの若者がうらやましいと感じています。僕ら世代はＩＴビジネスに乗り遅れた世代です。最近のトレンドを体感している世代こそビジネスの最前線に向いている人たちです。可能性は無限大です。僕があえて若者世代より勝っているといえるのは、ビジネス的な知識や思考だけといっても過言ではありません。自分の物事の見方を変えるだけで、世界は変わるんです。あとは実践あるのみ。

この本が読者の一助になれば本望です。

著者

目次

CHAPTER 2

医者になるか、ヤクザになるか

CHAPTER 3

10代で個人事業主に

CHAPTER 4

エースタイル創業

CHAPTER 5

営業のプロフェッショナル集団

CHAPTER 6

介護・福祉への大転換

CHAPTER
1

なぜ介護業界で一人勝ちできたか

▼桜が見える老人ホームで

介護業界で生きる

かれこれ本格的に介護業界に参入して8年の月日が経とうとしています。中でも僕の人生において、「決定的な転機」となるような出来事もありました。

今から6年前の2017年4月のことです。エースタイル本社のすぐ近くに「ウエルフェア城東鴫野」という老人ホームを新築したばかりの頃でした。前日に妻である常務のえり香から「お手伝いしたいご家族がいる」と神妙な顔でこんな相談を受けていたのです。

「残された時間はわずかで、利用希望の方はすでに看取りケアの段階に入っている。明日亡くなるかもしれないし、今日亡くなるかもしれない。でも、ご家族は『病院のベッドの上でだけはどうしても死なせたくない』と仰っている。だからといって、介護士や看護師のいない自宅に連れて行くのも難しい。みんなが納得できるように看取りの時を迎えたい」

そこで実際に入居する予定の年輩の女性に面会してみました。ご本人は「病院でベッドにつながれたまま死ぬのは嫌だ」と切実に訴えます。僕はその時つくづく考えました。

人間らしい穏やかな最期って何だろう。

その瞬間、ふと頭に浮かんだのは淡いピンクの花が満開となった桜。あたり一面に広がるキレイな桜並木の景色でした。

「ウェルフェア城東鴫野」は寝屋川沿いの介護施設で、春になると川岸に植えられた桜並木が窓から一望できて、景観は申し分ありません。善は急げ、です。ご本人と家族の意向を汲み取り、すぐに入居の準備に取りかかりました。

異例の即日入居でしたがスムーズに事が運び、「終の住処」が決まったことで、利用者さんは安どの表情を浮かべて言いました。

「こんなキレイな桜、うれしいわ」

部屋から見える桜は満開でした。

「私、生きてきてホンマによかった」

こんな言葉を残して、わずか半日の滞在期間で旅立たれたのです。

「本当にありがとうございます」

ご遺族からは厳しい言葉を浴びることも覚悟しましたが、泣きながら感謝をされました。その場に立ち会った妻も介護スタッフも、その場にいるみんなが涙を流していました。僕自身もその感謝の言葉に、あふれる感情をこらえきれずに、自然と涙があふれていました。

真心のこもった「ありがとう」の一言で、僕は介護・福祉業界にこの身を捧げようと決意したのです。

「こちらこそ入居していただいて、ありがとうございます」

感謝すべきはむしろ僕の方でした。振り返れば、僕自身、介護業には必ずしもいい印象ばかりはありませんでした。「清く正しく美しく」に代表される崇高なイメージをどこか他人事のように感じていたのです。

僕の半生は金に翻弄されてきた人生といっても過言ではありません。今だから言えますが、介護業界への参入も「儲かりそうだな」と若き起業家としての野心があったことは否定しません。

しかし、人間の「生と死」という厳粛な瞬間に立ち会うことで、僕は介護事業というビジネスが、単なる営利企業とは違う「人間としての尊厳を全うする」という崇高なミッションを託された存在だということに気づきました。

僕が流した涙や言葉は、ウソ偽りのない年輩の女性の「感謝の心」に深く感銘を受けたからにほかなりません。これまで携わってきたビジネスでは感じることのできなかった「何か」をこの利用者とご家族から学んだのです。これが、僕の経営者としての生き方を決定づけたといっても言いすぎではないと思います。

介護の世界は「やりがい」で動いている

僕が経営するエースタイルは介護・福祉事業を始める前は、営業販売で関西有数の会社でした。インターネットの光回線や家庭用のウォーターサーバーから始まり、介護事業に本格参入するまでは太陽光パネルやオール電化など、時代の変化に応じて、そのつど、売り込む商品やサービスを変えながら会社を成長させてきました。

どの経営者も創業時は同じ心境だと思いますが、とにかく「売って売って売りまくる」という一心で営業に駆け回る。そして一日の終わりには、売り上げがどれぐらいあったかという報告を受けて一喜一憂する日々を過ごしてきたはずです。契約をたくさん取れれば、販売元から「よくやった」と褒められますし、お客様から「ありがとう」と声をかけられることもあります。

かつて大坂商人、伊勢商人とともに「日本三大商人」と称された近江商人は、近江（現在の滋賀県）を拠点に、全国各地へ行商に出かけ、中には豪商と呼ばれるまでに成功した人たちもいます。しかし彼らはおごることなく、質素倹約を心がけました。それればかりか、商いで得た利益で各地に橋を作ったり、学校を建てたりと、地域社会に還元していきました。

近江商人の経営哲学「三方よし」は、日本の大企業でも企業理念に取り入れられ、広く知られています。三方よしとは「売り手よし、買い手よし、世間よし」と言って、自らの利益だけでなく、顧客とともに世間にとってもいいものであるべきだ、という考え方です。介護事業を始めるまでの私たちが関わったビジネスを振り返ると、「売り手よし、買い手まあまあよし、世間まあまあよし」といったところでしょうか。決して、粗悪な商品やサービスを売りつけたわけではありませんが、どこか流行の商品やサービスを追うばかりのビジネススタイルに限界を感じていたのかもしれません。

会社を立ち上げてからというもの、人材派遣から販売代理店まで、さまざまな事業を手がけてきました。もちろんピンチは何度もありましたが、売り上げや従業員数といった数字だけを見れば、会社はハンパないスピード感をもって成長してきました。

かといって流行り廃りの激しい商材やサービスの販売で安定して利益を出し続けられるわけもなく、次に儲かりそうなトレンドに目をつけて、目先の利益を拾いながら、何とか生き延びてきたというのが正直なところでした。

そんな葛藤の中で、将来を見越して永続できる事業としてたどり着いたのが、介護・福祉業界への参入。正直、半信半疑の手探りでの船出でしたが、今となっては違います。

現在進行形のエースタイル株式会社は、一片の迷いもなく社会貢献事業と言い切ることができます。介護の現場は「やりがいのある仕事」です。それもすべて、6年前の出来事で僕が確信した実感です。

人間はきっかけさえあれば誰でも変わります。

企業も経営者次第で良くも悪くも変わります。誰もが生き生きと過ごせる社会を目指して——。この理念のもと、エースタイルグループが掲げる「100年企業」も達成し得ると信じて疑いません。

▼「親の介護は子供がする」という偏見

介護は他人任せでもいい

老人ホームに頼るのは「悪いこと」。そんな古い固定概念を持っている方が今も少なからずいます。

現に私の母親が、父親の両親の介護をして、心身ともにボロボロになっていく姿を見て憤りさえ感じました。身内の介護はどちらにとっても「しんどいもの」。子どもながらに達観してそうとらえていました。

家族の介護は、距離が近すぎるからこそ、口から出た一言がモメる要因となることも往々にしてあります。昨日まで元気に散歩していた母親が翌日になると「歩けない」と言い出す。元気だった頃を知っていると、つい口走ってしまいがちです。

「昨日まで歩けてたやん」

歩けなくなったことが「怠慢」に映ることもあるでしょう。

親にとって、我が子はどんなに成長しても子どもであるように、子どもにとっても親は親。昔の元気だった頃の親だという意識がどこか抜けきれない。もしかしたら年老いていく親を受け入れたくない。老いずに今のままでいてほしいという気持ちが無意識のうちに働いているのかもしれません。

こんな場面にも遭遇しました。父親の介護で大変苦労された娘さんが僕の会社を訪ねてきて、ポロリと漏らした言葉が印象的でした。ようやく親の介護から解放されると感じたのでしょうか。

「なぜこんなんできへんの…って悲しくなる。それが精神的に一番しんどかった」

涙を浮かべてこう打ち明けるのです。

家族が認知症で、段々と記憶が曖昧になって、最後は我が子の記憶すら消えてしまうケースだってあります。身内が介護をする羽目になると、四六時中、ずっと寄り添って日々、老いていく親の姿を見届けることになります。

もちろん、それを幸せと感じる人もいるでしょう。でも、「あんなにたくましかった父が…」「キレイ好きだった母が…」と、親の衰えを不憫だと見ていられない人も同じようにいます。中には介護する側が罪悪感に悩まされるご家族の相談を受けることとすらあります。

親が年を取っていくだけではありません。同じように子どもたちも年齢を重ねていき、最初は簡単に抱えられた母親の体も、月日が経つと重く感じる瞬間がいずれ訪れるのです。介護される側の立場に立ってみても、子どもにシモの世話をしてもらって喜ぶ親がいるでしょうか。

そんな理由もあって赤の他人の方が、プロとして割り切れて介護に専念ができる。介護ビジネスに携わった今ではそんな結論に至っています。

介護離職、特養順番待ちをなくしたい

寿命世界一の日本は、老人が老人を介護する「老老介護」が、すでに一般的です。エースタイルの介護施設を訪れる入居者のご家族。つまり、お子さん世代は大半が60代です。人生100年時代と言われて久しいですが、ほんの30年ほど前に

は、60代イコール「老人」扱いでした。

２０１５年に介護業界へ参入するにあたって、介護の実態を調べれば調べるほど、世間の認識と介護業界の常識の間には、想像以上に大きなギャップがあることがわかりました。家族が要介護になった時、在宅介護か施設介護の選択に迫られます。

老人ホームで他人の世話になりたくない「入りたくない」在宅介護希望者がいる一方で、「入りたいけど入れない」施設介護希望者もいて、特別養護老人ホームは2、3年待たなければ入居できない施設も激増しています。地方公共団体や社会福祉法人が運営する「特養」は、介護保険が適用されるため、少ない費用で入居できる反面、施設によっては10年待ちという悲惨な実態が浮かびあがってきました。

貯蓄や資産がある方なら民間の有料老人ホームにも入居できますが、そうでない方は特養しか選択肢がなく、「順番待ち」の間は、ご家族が介護にあたるしかありません。

介護と仕事の両立は難しく、介護のために会社を辞める「介護離職」も随分前から問題視されています。ご家族を特養に入居させることができず、自ら介護を始めると、自分の仕事にまで支障が及んで離職するというケースです。昼間はフルタイムで働き、夜は介護。24時間一瞬も気を抜けずに心身ともに疲れ切って、両立できずに退職してしまう人が非常に多いのです。

２００９年当時の特養待機者は42万１０００人（厚生労働省発表）だったのが、13年には52万２０００人まで待機者が増えていました。当時、待機期間は平均で２年から３年とも言われ、この空白の在宅介護期間こそ、介護離職に陥る元凶だったと言っていいでしょう。

いくつかの特養に足を運んで実地調査も行ったところ、意外な事実を目の当たりにしたのです。あれだけ「入れない」と言われていたにもかかわらず、空き部屋や空きベッドがたくさんあるのです。

「部屋が空いているのに、何で順番待ちなんですか？」

対応してくれた施設の運営者はこう答えます。

「働く職員がいないんですよ」

「何で職員さんいないんですか？」

「入っても、すぐ辞めてしまうからです」

介護業界は慢性的な人材不足ですが、中でも特養のスタッフは著しく定着率が低いとのことで、新規の入居者がなかなか入れないという実態があったのです。たとえ部屋が空いていても、お世話をするスタッフがいなければ、要介護認定を受けた高齢者を受け入れることなどできません。

介護事業を始めるにあたって求人広告を出すと、「特養で勤務経験がある」という方の応募が非常に多いことにも驚かされました。

「なぜ特養をお辞めになったんですか？」

こんな疑問に対し、事前の施設調査でも明らかになっていなかった劣悪な職場環境がわかりました。

「前の職場では施設の方針で、入居者さんを人扱いしてなかったんです。オムツ交換があるじゃないですか。男女関係なく、ズラッと並べて、みんなの前で赤ちゃんのようにオムツを替えていくんです。それが耐えられなくて辞めました」

特養の特徴は、10人のヘルパーが50人の入居者をみんなで協力して介護をする「多対多」のチームワークが基本です。チームワークが必要な職場では、スタッフが辞めずに定着していれば問題ありません。ところが1人のヘルパーが辞めて、仮に欠員が補充できなければどうでしょう。それどころか、9人から8人と減っていけば離職者の歯止めが効かなくなって、慢性的な過重労働に陥ってしまうのです。介護現場でのヒューマンエラーはこうした状況下で起こりがちです。

ヘルパー不足が招いた結果が、入居者全員を一カ所に集めるオムツ交換でした。入居者の気持ちを無視した、効率だけを考えた〝虐待〟の噂は狭い介護業界ではあっという間に広まります。

劣悪な環境下の介護施設では高い求人広告費を出して人員募集をしても、ヘルパーが定着せず同じことの繰り返し。もちろん、介護施設には「人員基準」というものがあり、これを破ってヘルパーの数が下回ると行政処分が下されますが、おそらく悪質な介護施設の責任者は見て見ぬふりをしていたのでしょう。

ヘルパーの大半は、「人を救ってあげたい」という熱い想いがあって仕事を続けています。面接で初めて聞いた時、あまりにもひどいと感じたのですが、「ご家族も承知の上で…」と聞いて、さらに驚きを禁じ得ませんでした。

２０１５年当時、尊厳を無視した介護が常態化した老人ホームが実際に何件もあったようです。

さらに、もう一つわかったことがあります。

献身的なヘルパーほど、劣悪な施設に最後まで残って「貧乏くじ」を引いてしまう現実です。対応するヘルパーが半減したままの職場環境で、仕事を続けるという意味は今までの倍の仕事を1人でこなさないといけない。単純に本来の倍の労働力を求められるのですが、それも献身的なヘルパーは一時なものと目をつむりがちです。

「だって、私が辞めたら、誰が面倒見ますか。面倒見られないじゃないですか」

良心の気持ちだけで残ってる人が最後までいる――。それを知った時、自らが業界改革の先頭に立つ覚悟が決まりました。

▼介護現場から「1000万円プレイヤー」

介護スタッフが「高給」を稼ぐ仕組み

僕自身も日々痛感していますが、介護業界は「きつい」「汚い」「危険」の3Kに加えて低賃金という、昔ながらの認識にとらわれている人が実に多い業界です。看護師や介護士といった専門の資格を有しているならまだしも、介護ヘルパーの多くは、低賃金で雇用されているのが現実です。こうしたネガティブなイメージを払拭するため、介護・福祉事業に本格参入した時から、僕はある夢を持ち続けています。

それが介護現場の職員から一人でも多く年収1000万円プレイヤーを誕生させることでした。

僕は介護・福祉業界に参入直後から、ことあるごとに「1000万円プレイヤー誕生」を周囲に宣言していました。しかし、介護現場の実情を知る人ほど、この話を一笑に付していました。あまりにもバカげていると直接言われたことすらありました。

それはそうでしょう。国立病院や社会福祉法人の理事長ならともかく、一介の介護スタッフにそんな給料を払えるものでしょうか。周囲からも、「非現実的だ」とさんざん言われ続けてきましたが、2021年に初めて、1000万円プレイヤーを誕生させることができました。

介護施設の管理をしているAさん。決して、大リーグの大谷翔平選手のようなスター選手ではありませんが、その明るいキャラクターに加えマネジメント能力も高く、業務改善の提案力も秀でています。Aさんが担当している介護・福祉施設では、離職するスタッフもなく、入居者の評判もいい。管轄する施設の売り上げもアップした結果、「1000万円の壁」を突破してくれたのです。

日本の平均年収は443万円（2021年・国税庁「民間給与実態統計調査」より）。一方、介護職の平均年収を見ると、これより100万円ほど下がって約353万円（厚生労働省「令和3年賃金構造基本統計調査」より）となっています。

エースタイルの給与体系が他の介護事業者と比べて際立っているのは、歩合給の比率の高さです。エースタイルの給与は簡単な数式で表すと、

給料＝固定給＋歩合給

歩合給は、3カ月に一度支給されます。この歩合給によって介護スタッフの年収は大きく変化します。介護スタッフでも、介護業界の平均を大きく上回る年収500万円以上を達成している社員が数多くいるのも、この歩合給による部分が大きいからです。

包み隠さず言わせてもらえば、エースタイルは職員一人あたりの毎月の平均支給額は30万〜40万円。その時点で日本の全職種の平均と遜色のない金額となっています。これに加え年4回の歩合給が加わるのですから、同業他社と比べても、給料のよさでは頭一つ抜けているのも当然でしょう。

おそらく介護業界で、歩合給を給与体系に組み込んでいる会社はまだ少ないのではないでしょうか。

エースタイルは人材派遣と販売代行からスタートした会社なので、頑張った人に

は報酬を与えるという歩合制を早くから採用してきました。しかし長年、パートのスタッフが主流だった介護業界では、現場スタッフには「同一労働同一賃金」という報酬が一般的です。ましてやスタッフによって年収が数百万も差がつくという歩合給は福祉の精神に反するという固定観念が、介護スタッフの年収アップをかえって抑制することになっていたのではないでしょうか。この悪しき慣習こそが、僕が打ち破りたかった「介護の壁」なのかもしれません。

しかし、歩合給は成果をあげて初めて受け取れるボーナスのようなもの。当事者にとって歩合給の比率が高いということは、年収が大幅アップしても、翌年の成績次第では、大幅ダウンする場合もあり得ます。

たとえば、先のAさんの場合でも「1000万円プレイヤー」になった翌22年は、管轄の施設の売り上げが減少する事態となりました。その結果、年収が200万ほど下がってしまいました。

僕自身はまだ満足しているわけではありません。まだまだAさんに続く「1000万円プレイヤー」が誕生すべく、社員の頑張りには十分応えられる経営者であり続けたいと日々、考えています。

「ヤル気」を引き出す評価システム

当然、人事評価にしても主観を排して客観的な評価システムであることはスタッフのヤル気につながります。

「上司に嫌われているからなぁ」

「一生懸命働いているのにまったく評価されない」

これでは、人は動いてくれません。僕は10代の頃から何よりも苦労したのが、ヤル気のある人を正当に評価することです。会社に限らず、組織がガタガタになる大きな原因は、頑張っている人が周囲からキチンと評価されないことです。

「ここまでやっても評価されない」

「どうせ誰も見ていないから手を抜いても大丈夫だろう」

どちらも評価の歪みが、ヤル気を奪ってしまう典型的なケースです。そこで、エースタイルでは「360度評価システム」によって、客観的な人事評価ができるように努めています。直属の上司だけでなく、複数の人の視点で評価することによって、人事評価が恣意的になるのを避けるのが狙いです。一般的な介護現場では、直属の上司が複数の部下に点数をつけます。いわば上から下への一方通行の査定システムですが、これではスタッフの評価が「ブラックボックス化」しかねません。残念な上司に当たってしまった社員から不満があがるのも無理はありません。

エースタイルは、上司だけでなく、本社の役員や現場の中間管理職、施設長、さらには営業の責任者の評価も査定に反映しています。以前は匿名で社長室にアンケートが届く「目安箱」を作ったこともあります。

複数の人の意見が反映されることで、人の相性や好き嫌いに左右されず、より公平に社員を評価することができます。結果、社員のヤル気を引き出してあげるのが、僕たち経営陣の役割です。

退職シーズンが予測可能に

一般的な企業としての「常識」が介護業界では、「非常識」にあたる。これが僕には不思議でなりません。歩合給は、むしろこれからの介護業界ではスタンダードな給与制度になると確信しています。

歩合給の持つ意味は、職員のモチベーションだけにとどまりません。3カ月に1回、ボーナスとして支給される歩合給は福祉関係の全スタッフを対象としています。たとえば1月から3月までの3カ月間でたまった評価ポイントは、4月末に歩合給として支払われます。

すると、年間を通じてバラけていた介護スタッフの退職が、歩合給の支給タイミングに集中するようになったのです。3月と6月に加えて9月に12月と、3カ月ごとにスタッフが退職しそうだと、あらかじめ予測が可能となったのです。

なぜなら歩合給の査定は3カ月単位なので、仮に年始の1月や2月で退職すると歩合給はもらえません。社員が辞める可能性があるのは3の倍数となります。3月末ぐらいに「辞める」と会社に伝えて、4月は有給休暇の消化に充てます。介護現場において、スタッフが急にバタバタと辞めてしまったら、施設の運営はできません。それだけに、先んじて〝退職シーズン〟の前に求人広告を打つなどして、人員確保の対策を立てています。

もちろん、会社にとってスタッフの退職は痛手。どうにか退職を思いとどまってもらえるように、別の手も打っています。

その一つがキャンペーンです。エースタイルでは、普段から社員を介して友人が社員採用されると「紹介料」という名目で歩合をつけています。キャンペーン中はその紹介料を通常の3倍にアップさせています。特に離職率が高い1月〜3月に毎年キャンペーンを実施していて、離職防止策と転職者の獲得には欠かせないイベントです。職員にとっても歩合給を稼ぐ絶好のチャンスです。

介護職員の友達の多くはヘルパーさん。つまり、介護職の経験を持つ元同業者が多いのです。聞けば、普段から自然とこんな会話をするそうです。

「お前、今どこで働いてるん？」

「エースタイルで働いてんで」

「噂聞いたことある。どうなん？」

「結構、給料いいで」

こうなると勝負あったです。

「俺も紹介してや」となって、元同僚の友人のツテを頼って面接へ。

低賃金と言われる業界だからこそ、3カ月に1度の歩合給は大きな武器になっているのです。

現場の介護スタッフだけではありません。本部の社員になると、仕事量が増える分、利益を上げれば、しっかりと歩合で還元されます。基本的には、利益の3分の1が営業マンの歩合となります。とある営業部長は3カ月の歩合給だけで実に1500万円の大台を突破。その前が300万円、前々回は1200万円…。年収は5000万円近い計算です。僕よりも高給取りの社員がいるのも、エースタイルならではと言えるでしょうね。

人手不足解消の秘訣は「求人広告ゼロ」

介護業界では慢性的な人手不足に悩まされています。この問題を解消するにはどうすればいいか。僕の頭の中には、究極の問題の解決策があります。

求人広告を打たない。

これに尽きます。さっきまで求人広告の話をしたばっかりなのに、ナニ手のひら返してんねんと言われるかもしれませんが、あくまで僕の理想論。求人広告に費用のかかる介護業界だからこそ、広告費を最小限にする人集めの手段はないかと、日夜考えるのも僕の大事な仕事なんです。

多くのスタッフを必要とする労働集約産業は、構造的に短期での離職率が高く、入っては辞めて、辞めては入っての繰り返し。離職者が出るたびにウン十万ものコストをかけて求人広告を出すのは、僕目線で言わせてもらえば、お金をドブに捨てるようなもの。だったら「求人広告ゼロ」を念頭に「社員が辞めないシステム」をいかに作り上げていくかが肝心です。先の歩合給を中心とした報酬制度も結果的には「社員が辞めないシステム」として、「仕組み化」されているのがおわかりでしょう。

もちろん新規の人材は常に必要とされているので、「求人広告ゼロ」まではいきません。しかし、現場の社員の待遇改善にウエイトを置いて、やりがいのある職場作りに取り組んできたのはこれまでお話しした通りです。

人材マーケティングは常に行っています。中でも採用後の聞き取り調査を非常に重要視しています。僕自身、意外と介護業界に対するさまざまなバイアスがあることに気づかされます。特にここ最近顕著ですが、入社志願者にエースタイルの志望動機を聞くと、思いもよらぬ答えが返ってくるようになりました。

「なぜうちで働きたいと思ったの？」

「会社がなんか面白そう」

僕の頭の中には「？？？」と理解不能のクエスチョンマークが浮かびます。だって介護スタッフやぞ。「介護＝３Ｋ」のイメージのはずが、若者には厳しい労働環境に映っていてもおかしくないのに、なぜかエースタイルには真逆の印象を持っているようです。

「社長がYouTubeの『令和の虎』に出てるし、ラジオやっているから面白そう」

「他の介護の会社とは全然イメージが違う」

若い子たちからすると軽いノリのようです。「なんか面白そうだし働いてみようか」みたいな感覚らしいです。介護業界は広いようで狭くて、同業他社からの移籍組も少なくありません。

「給料がよくて楽しそう」

僕が思うに、介護業界に限らず、仕事で伸びるスタッフはフワッとしたイメージで仕事を選ぶ人が多いのかもしれません。むしろ使命感を持って介護現場に来る人ほど、理想と現実のギャップに心が折れてしまうケースも見受けられます。実際、僕のラジオを聴いて有名人に会う気分で面接を受けた社員が、ある日大化けして、今や誰もが一目置くスタッフに成長しています。将来的には、この手の新人の中から2人目の1000万円プレイヤーが誕生するかもしれません。

▼僕がメディアに出る理由

介護業界のイメージを変えたい

早くから経営者をしていたからか、物事を俯瞰で見て大局的に考える癖がついていました。さらに、大局観から、個別の事象をミクロな虫眼鏡の視点で考察できるようになったようにも思います。これが僕の考える「予測力」です。エースタイルの会社の将来像を描いて、同業他社はその場合どうなるのか。事実から先行きを予見します。

日本は今後人口の3人に1人は高齢者という超高齢社会に突入します。だとすれば、次は何が起こるのか。そう考えた時、「今よりも来年、来年よりも再来年と、年を追うごとに介護ヘルパーを取り合う時代が訪れる」と予測を立てて、より早く対策を打ちました。その顚末はこれまでお話しした通りです。

人材不足にもかかわらず、大半の介護施設は求職者が現れるのをじっと待ってい
る状況で、介護業界で圧倒的に足りていないのは新しいなり手です。

なぜ新しいなり手が少ないのか。こう言っては何ですが、メディアから発信される介護業界の情報は大半がネガティブです。特にテレビのニュースとなると、9割以上が残酷な事件や事故の報道ばかり。偏向報道だとは言いたくありませんが、暗いニュースで占められています。私たちの子ども世代が介護業界のネガティブなニュースを目にしたらどう思うでしょうか。体力的にもキツイ「3K」と言われる労働環境のイメージが刷り込まれて、「介護の会社で働きたい」と思うでしょうか。否、そんなお先真っ暗の業界が就職の選択肢に入るはずがありません。

自分たちでメディアを持って、若い世代に介護の明るいニュースを発信する必要性を感じたのは、そんな理由からです。

最初に始めたのはYouTubeです。2019年1月に「介護あかるくらぶ」というYouTubeチャンネルを始めると、チャンネル登録者はすぐに1000人に達しました。

でも、その後、チャンネル登録数が伸び悩んで、戦略を練り直すべく休止する羽目に。正直なところYouTubeで1000人程度の登録者の影響力はたかが知れています。若い世代に向けて影響力を持てるメディアが必要なわけですから、多少の予算をかけてでもメディアに露出するという方針に変更し、テレビ局やラジオ局に足を運びました。介護業界を支援してくれる賛同者を探したのです。

「介護とか福祉とかって日本にとって非常に大事なので、その枠を作ります。日曜日の夕方6時で空けます！」

こう言って手を挙げてくれたのは、在阪のラジオ局・FM大阪さんでした。実はこの枠、とある人気アーティストの番組がオンエアされていたんです。時間帯は日曜の夕方6時から。家族で週末旅行に出かけ、ちょうど帰りの車中のカーステレオで聴いてもらえる〝ゴールデンタイム〟です。そんなラジオ局にとって価値のある時間帯を空けてまで僕たちに枠を提供してくれたのです。

ラジオDJで有名なU.K.さんをお招きして、私と一緒にダブルパーソナリティで進行する「WELFARE group presents それU.K.!!ミライ

ｂｒｉｄｇｅ」という30分のラジオ番組をスタートさせました。これが今から約４年前の２０１９年６月のことです。番組の前半はゲストを招いてフリートーク。これまで吉村洋文大阪府知事や松井一郎前大阪市長といった政界関係者から、起業家や芸能人まで、さまざまな業界のスペシャリストがゲスト出演してくれました。番組後半では介護関連の話題に移って、視聴者からの疑問、質問といった悩み相談に〝エリーナ秘書〟こと妻のえり香が真摯に向き合ってアドバイス。自画自賛になりますが、好評を得ています(笑)。番組ホームページには「介護あかるくらぶ」や「谷本家」のリンクも添付されているので宣伝効果は抜群でした。

実際、面接に来た求職者からも「ラジオ聴いて知りました」と耳にしますし、他にもケーブルテレビの「Ｊ：ＣＯＭ」の番組に出演したり、テレビＣＭを流してみたりと「とにかく細かく多岐に」をモットーにしてきました。僕は単なる目立ちたがり屋ではありません。でも介護業界のためなら一肌脱ぐことに何のためらいもありません。おかげさまで、今では大阪の介護業界で、「エースタイルの谷本」と言えば、結構知られる存在になったのです。

メディア戦略は求人にも効果てき面でした。今では求人広告を載せると、かなりの応募者から反応があって、人手不足とは無縁の環境が整ったのです。

社内独立制度で後進を育成

エースタイルには、社内独立制度という後進育成の制度があります。わかりやすく言えば、「のれん分け」です。子会社を作って代表取締役にもなれます。これまで実際に会社を立ち上げた社員は4人。現在の給与体系では、年俸で僕を上回る社員も出てくる仕組みなので、給料で支払うよりも法人格にした方が、税金面で優遇されるというメリットもあるので稼げる社員には独立を勧めています。

独立制度と一口に言っても、ポンといきなり外に放り出すわけではありません。

「エースタイルの名前はどんどん使って構わない。大阪の介護業界でエースタイルを知らない人はいないから、営業の武器として使ってほしい」

こう言って送り出してきました。まずはエースタイルの子会社として力をつけて、そこから社会に羽ばたいてほしい。願わくば、独立した社員の中からエースタイルの新社長が誕生することが、僕の願いでもあります。

「幸せな人間」でなければ人を幸せにできない

僕は実業の世界で「予測力」を磨いてきました。介護業界の将来については、ある程度、自分の中で見通しがついたけれど、ある時期から日本の未来について、漠然とした不安が湧いてきています。

日本は所得格差が広がるばかりで、もしかしたら税金の使い方も誤っているかもしれない。少子化が進行すると税収も下がる。足りない労働力は海外からの人材を頼りにして、外国人に仕事を奪われる日本人もたくさん出てくるかもしれない。おそらく生活保護の受給者も増えるでしょう。

若い読者もみんな同じような不安があるんじゃないでしょうか。そんな日本の将来像を頭に思い描いた時、経営者として自分なりにできる方策を考え抜いて出した答えが「若手経営者の育成」でした。

優秀な経営者を育成して、優良企業を増やせば日本がよくなるのではないか。景気がよくなれば自ずと税収も増えて雇用も活気づくでしょう。今の大阪の景気はコロナ以前にはまだほど遠く停滞したままです。このままでは元気な大阪が復活するのは、先の先まで待たないといけないでしょう。

もう一つ、僕が育てた経営者には、ある共通した教えを徹底させています。

「幸せな人間じゃないと人を幸せにできない」

果たして不幸な人間に他人を幸せにするお手伝いができるでしょうか。介護施設に入居される高齢者、そしてそのご家族に少しでも幸せになってもらうためには、まず介護スタッフが幸せでないといけない。経営者の報酬を増やすのは最後でいいんです。従業員の給料を上げれば、本人だけでなくその家族も幸せになる。幸せな家庭があれば、さらに生産性も向上する。そして会社が成長して、幸せな社員がどんどん増えていく。この好循環こそが、たくさんのお客様を幸せにできると信じています。

こんな発言をすると、「政治に興味ないですか?」と、たびたび言われます。仕事柄、政治家との交流がないわけではありません。

でも、政治家になる可能性はゼロ。政治家にはなりませんが、この日本で生まれた限りは、僕なりの方法で、国に貢献できることはないのか。考え抜いた結果が〝経営者を育てる〟だったのです。

▼非効率からの脱却

利益を生み出す「ワンストップ経営」

エースタイルが儲かる仕組みについて、これまで「人材」確保と教育の面からお話ししてきましたけど、僕たちが利益を出している手法はたった一つです。一言で言えば「ワンストップ経営」になります。ワンストップ経営とは、要は「一カ所で用事が足りる」という意味です。エースタイルを頼っていただければ、介護に関する要望はワンストップですべてケアできるというのが最大の強みです。

介護業界の仕事は多岐にわたります。ケアマネージャーがケアプランだけを作成している会社もあれば、老人ホームに給食を提供している会社もあります。他にも介護士を訪問させる訪問介護業務の会社や看護師を訪問させる訪問看護の会社、ドクターを老人ホームに派遣する会社まであります。

実は介護を必要とされるお客様といってもその範囲は人によってバラバラです。当然、専門性の高い業務も多いだけに、ある分野に特化した小さな事業者が多いのも介護業界の特徴かもしれません。つまりビジネスの視点で見ると医療、看護医療は別として、その他の業務における利幅が極めて薄いのが介護業界の構造的な問題です。たとえ老人ホームや介護サービス付きの高齢者向け住宅が満室、満床になったとしても、利用料金だけでは大きな利益にはなりません。利用者の使用率が7割程度になると、もはや利益すらほとんど出ません。

「だから、介護業界は儲からないんだ」という声が聞こえてきますが、エースタイルは一人勝ちとも言える突出した利益を叩き出しています。それが専門性の高い業務に特化したグループ会社を束ねた「ワンストップ経営」です。これが、経営的合理性の面でも、利用者にとっての利便性を考えても、ベストな介護事業の運営スタイルだと僕は考えています。

たとえば「高齢の父を施設に入れてほしい」と相談を受けます。話を聞いてみると、相談者のお子さんが障害を抱えていて、学校の放課後に父親を預かってくれるデイサービス業者を探していることがわかりました。さらに深掘りすると、夕方にデイサービスから帰ってくると、今度は父親を自宅でケアする訪問介護のサービスを受けたいというリクエストが出てきます。だんだん打ち解けてくると、相談者である女性はパートで夕方まで働いていて、お子さんが学校を終えた後に、安心して遊べる学童施設も探している…といったさまざまな問題が持ち込まれます。そんな諸々の問題に解決策を提示できるのがエースタイルの武器です。さらに同業者から「介護スタッフが足りない」と言われたら、介護に特化した人材派遣サービスも提供しています。「ワンストップ経営」とは介護・福祉の総合商社のようなイメージでしょうか。

それぞれの業務が薄利だとしても、一気通貫で積み上げていくことで利益がメチャメチャ上がるのです。

入居者トラブルを未然に防ぐ方法

介護業界で一人勝ちするには徹底した「仕組み化」にこだわっています。入居前には通常、病院の先生とケアマネージャー、そしてご家族とうちの職員とで、カンファレンスを開きます。実はここに落とし穴があります。

病院側は「早く退院させたい」というのが本音です。となると僕たち介護事業者には、都合のいい情報しか出さないことが多いのです。しかも、新規の入居者を受け入れるためには判断材料となるカルテには書いていないような情報を聞き出すことがカンファレンスでは求められます。

中でも老人ホームで避けたいのは入居者同士のトラブル。万が一、攻撃的な人が入居してしまうと、他の入居者さんの安全が脅かされてしまう。年甲斐もなく、女性の入居者に夜這いを仕掛けたなんて話も聞きます。

エースタイルが介護ビジネスに参入したばかりの頃、問題のある入居者にはさんざん手を焼きました。一度入居した方に僕たちから「出ていけ」とは到底言えません。近隣トラブルと同じく、「最初は仲よくやっていたのに、ある日を境に豹変してしまった」というケースもあります。だからこそ、職員には「安易に入居を決定するな」と口を酸っぱくして何度も言ってます。入居者を含めたご家族の情報をある程度把握することが先決で、即決は絶対にさせないのが鉄則です。

「100%、お客様が満足できる状況にしたいので、いったん持ち帰って検討させていただきます。再度、お客様のご自宅に伺います」

カンファレンスで「お父さんやお母さんをとても大切にしている」とご家族が語っていても、実情はわかりません。現に、入居者さんのご自宅を訪問すると、家がゴミ屋敷だったとか、カンファレンスでの説明からは想像もできなかった家庭内のゴタゴタが見えてくるのです。

見抜くには、いくつかの手法もあります。あえて約束の日程を変更して、1日ズラすのも一つの手です。それによって人間性が見えるからです。
人の本性を見抜け。いったん入れたら出せない。
厳しい言葉ですが、施設を運営する上では大切な判断なのです。

情に流されない「仕組み」作り

実際に現場で介護に従事するスタッフは基本的に優しい人ばかり。中には、スタッフ自身が介護する家族を養っているケースも少なくありません。すると、カンファレンスでご家族のお話を聞いているうちに、「かわいそう」と同情が先行してしまい、ついつい入居にGOサインを出してしまいます。優秀な現場スタッフほど非情で冷静な判断が下せない。これが介護施設にとっては「致命的な弱点」でした。

そこで、エースタイルでは施設職員に入居に関する判断をさせず、本社の社員が対応することにしています。いわば第三者である営業マンによる客観的な視点で、主観的な思いこみによる判断ミスを避ける狙いです。入居相談室も本社に構えて、お客様とのやり取りからお客様の送迎から入居まで、すべて本社側で請け負うことにして、入居して初めて施設にバトンタッチするやり方に変更したのです。これは介護施設の入居者にとって安全を約束するためには、当然の判断でした。介護スタッフの一時的な感情に頼ってしまうと、後で取り返しのつかない事態に陥りかねないからです。

エースタイル以外の事業者になると、これらすべてが老人ホーム内の業務となっています。入居者探しに始まり、職員の面接まで、施設職員が一般業務まで対応する。人手が足りない施設になると、介護以外の仕事までこなさなくてはならなくなり、過重労働に拍車がかかります。これが介護業界での「ブラック労働」の実態です。

人手不足の介護業界だからこそ、分業制にして、介護以外の業務はすべてを本社で対応すれば、職員も介護に専念できるというわけです。

「君たちはプロとして、施設に出勤している間は介護をやってくれればいいから」

介護スタッフは言ってみれば専門職。雑用などする必要はなく、勤務時間内は集中して入居者に向き合ってほしいのです。

「オムツ」でコストカット

これまでお話ししたように、介護ビジネスは利益率の低い業界です。しかし、工夫次第で、いくらでも儲けることができる。これが、僕がエースタイルで証明してきた実績です。しかし、老人ホームの運営は売り上げ的には、すべての入居者が決まった時点、すなわち満床になった時に、売り上げのピークを迎えます。

とはいえ、老人ホームの運営は長期間にわたり安定的かつ安全であることが必須条件。そこで、売り上げが〝天井〟を迎えた時、僕は次の一手を打ちました。それがコストカットです。コストカットというと、聞こえが悪いですが、実際には経費の削減です。これが多くの介護施設ではなかなか進んでいない実態があります。なぜでしょうか。

実は老人ホームは規模が大きい施設がほとんどありません。介護付き有料老人ホームで60人前後、住宅型でも30人前後が平均です。そうなると規模による削減効果が効きにくく日々の業務の多忙さも重なり、コストカットが後回しになりがちなのです。利益率の低い介護業界でコストカットできないとなると経営的には地獄の始まりです。

たとえば、借り上げている施設であればオーナーと家賃交渉をして、電気の自由化を迎えた時は電気代の削減にも取り組みました。施設の照明自体も蛍光灯からＬＥＤに変更。利益が薄い分、経費の削減には敏感にならざるを得ないですが、こうした試みが、多くの介護施設を擁するエースタイルでは大きなコストカットにつながります。

経費を削る努力をする中で、老人ホームが日々使っている消耗品で値が張るものが2つありました。アルコール消毒液ともう一つが大人用オムツでした。たかだかオムツといえども結構、ばかにならない金額。1人につき、1日の平均交換回数は4回。ざっと見積もっても月に１２０枚は必要となる計算です。オムツも機能によって価格がピンキリですが、市場価格では60〜80枚で５０００円前後です。

施設の開業当初は、メーカーから直接オムツを仕入れることができずに、やむなく卸売業者から某メーカーのオムツを購入していました…。

たった一つの施設がメーカーと直接交渉しても「小売店で買ってください」と取り付く島がありませんでした。一気に10施設を開業させる際には、「値段交渉ができる」と踏んで営業マンをオムツメーカーに向かわせたのです。

世間で定番の有名メーカーだけでなく、幅広く情報収集し、安くて機能性豊かなオムツメーカーを調べること数週間、皆さんもご存じの「白十字株式会社」という会社にたどり着いたのです。実はこの会社、大人用オムツを日本で最初に作った会社でした。営業マンに聞けば、直接仕入れることも可能で、さらに驚きなのは施設で使用していたオムツより機能は充実。使い勝手がよくて、しかも値段も安いといいことずくめでした。

こんないいオムツなら、よそも使いたいのでは？

僕はこう考えました。介護業界は慢性的な人手不足からなのか、経営努力が足りてないからなのか、同じ業者から同じものをずっと使い続けて「変更」や「改革」に疎い施設が多いのです。慣れたものがいい文化というべきでしょうか。「今よりもいいもので安いものを探そう」という発想が生まれにくいのかもしれません。

逆に言えば、そこに勝算があります。

「ワンストップ経営」に舵を切ったのは、この「オムツ」がきっかけだったのです。結果的に僕の思惑通り、納品先が増えれば、さらに大きなロットで発注、値段も低価格にできます。他の介護施設も既存のオムツより安くて、しかも品質がよければ変えないわけがない。

しかも、この構図、全員が「ｗｉｎ‐ｗｉｎ」の関係性です。

介護の商社として、新たなビジネスの幕開けはこうして始まりました。

介護施設「一極集中」展開のメリット

「このまま大阪だけなんですか？　東京進出しないんですか？」

ＹｏｕＴｕｂｅチャンネルの「令和の虎」に出演する東京在住の社長から、こう言われて、正直カチンときたことがあります。

「こいつ、俺より自分ができる気でおるな」

新幹線の上りと下りが象徴的ですが、東京を拠点とする経営者が大阪の経営者を「下」に見るケースは、まあ聞かない話でもありません。

エースタイルは売り上げ規模、そして利益を考えても上場できる実力を備えた会社です。でも、あえてしていないだけで、正直に言えば上場にそのメリットを感じないから…。

大阪になぜこだわるのかと言えば、「自分の目の届く範囲でやりたい」という理由と、介護や福祉は人が人に対するサービス提供。ヒューマンエラーを防ぐための目視と会話で介護職員へのケアがいるからです。

介護スタッフなど人のメンテナンス・ケアを怠ると、心の病にかかるなど、心身ともにしんどいと思える状況に陥ります。若い職員が日曜日に介護で付き添っていると、気が抜けたふとした瞬間に同僚へ暴言を吐いてしまうことだってあるでしょう。

でも絶対そうならないよう、スタッフのケアが何よりも大切。それぞれの事業所が近いと監視の目も行き届きます。本社から半径16キロ圏内でしか施設を作らないと決めたのは、介護業界が人材ビジネスだからです。

介護スタッフのケアの役割は、常務のえり香と専務の2人。専務は福祉、障害事業を担当して、常務は介護と看護の事業部を回っています。1日で回れるのも1施設1時間としたら、最大で6、7施設。施設と施設の距離が近いから移動距離も短い。役員の2人で、毎日ほぼ全施設を巡回でカバーできる体制を敷いています。

では、全国展開する大手になるとどうか。たとえば広島に施設を作れば、新幹線移動を余儀なくされ、また別の都市へ、別の施設へ行くとなると1日で、2、3カ所しか回れない事態になりかねません。よりよい施設の環境作りにおいて、一極集中型のドミナント経営が介護・福祉には適しています。

参入からわずか8年で「介護業界の革命児」とまで呼ばれるようになりましたが、実はここに至るまではジェットコースターのような人生でした。行き当たりばったりで経験した数々の修羅場が僕を一人前の経営者に導いてくれたのです。

CHAPTER 2

医者になるか、ヤクザになるか

▼父が抱いたコンプレックス

親戚の子どもに負けたらアカン

僕が生まれた家は、いわゆる〝上流階級〟でした。親戚の集まりに行けば、医者か教授ばかり。その子息たちも必死に勉強して、父の背中を追うように英才教育を受けるというエリート一族でした。当然、僕も医者になるものだと思っていました。いわゆるエエとこのボンボンです。

あれは忘れもしない、小学校の算数のテストで85点を取った時のことです。

「満点ではない」

こう気落ちした息子を見て、厳格な父親はいつものように口をとがらせて、こうハッパをかけるのでした。

「お前は絶対に負けたらアカン、親戚の子どもにも負けたらアカン。お医者さんの子どもに負けたらアカンのや」

父は6人兄弟の末っ子で、祖父が営む鉄工所では常務という肩書きでしたが、跡取りの座を約束されていたのは上から2番目の兄でした。医者になった長男を筆頭に、その他の兄弟たちは、実家を離れてそれぞれの道で成功を収めている〝華麗なる一族〟でした。しかし、その中で次男と父だけが実家に寄生しているような状態。今考えると、父はそんな自身の置かれた境遇を鑑みて、ひどいコンプレックスを抱いていたようにも思えます。

後から考えると、子どもにハッパをかけるのも「俺みたいな人生を送るな」とのメッセージを込めてのことだったんでしょう。

「将来の職業をこの中から選べ。医者になるか、教授になるか、それとも経営者になるか。もしくは気合い入れてヤクザになるかや！」

小学校に通い始めて、わずか1、2年が経った頃でした。幼少期は優しくておとなしい性格だった僕に、「どれかを選べ」と言われても、正直モヤモヤするだけで心の中ではこうつぶやいてました。

「ヤクザなんか、やれるわけないやん」

自分が将来、何の職業に就いてどんな人間になりたいのか。幼い子どもからしたら、1ミリも考えているはずがありません。

それでも、「医者になれ」「医者になれ」と繰り返し言われ続けると、不思議とその気になってしまうものです。そんな矢先、子どもながらに気になっていたのが医者として成功している伯父でした。

もちろん、学費の援助などはあったにせよ、実家の鉄工所に頼ることなく、医師として独り立ちした長男である伯父のキャラクターも温厚で知的そのもの。谷本家自慢の出世頭です。祖父母すらも気を遣う成功者でした。傍目から見ている子どもの僕でさえ、そう感じたのですから、兄弟からは一目も二目も置かれていたのでしょう。

「医者って、すごいんやなぁ」

小学校の卒業アルバムに「将来は医者になる」と書いたのは、そんな単純な理由でした。

目標が定まると、今思い出しただけでも恐ろしい、父親独特のスパルタ英才教育がこうして始まっていくのです。

空手道場で稽古の日々

父親は近畿大学出身でした。しかも、「泣く子も黙る」と噂された近大の空手部です。

後年、事情を知る人から近大空手部について聞く機会がありました。

「当時の空手部はヤクザとも平気で喧嘩をしとった。卒業が近づくと、警察とヤクザから就職斡旋のスカウトが来るみたいやで」

今でいう都市伝説レベルの話ですが、父が通っていた当時の近大空手部は、大阪で名が通ったコワモテ〝集団〟で、喧嘩上等の世界だったのは間違いなさそうです。その空手部の中でも強い選手だった父は、卒業後、しばらくして鉄工所の2階に空手道場を設立。館長という立場で大人から子どもまで、幅広い世代を相手に空手を教え始めたのです。

父からスパルタ英才教育を受けた僕も空手の稽古は欠かせませんでした。

「将来、ためになる習い事やったら何でもさせたらええ」

空手だけでなく父の監視のもと、習い事に追われる毎日でした。公文式の途中からは自宅に家庭教師も来るようになり、1週間に習い事が8つも9つもあるスパルタ環境です。これもすべては父が我が子に託した「負けたらあかん」という徹底的な詰め込み教育。僕は子どもながらにビクビクしながら日々を過ごしていました。習い事も「やりたい」というよりは、「やらされている」という表現の方が正しいかもしれません。とにかく父親が怖くて、「はい」という返事しかできなかったことを覚えています。

こんなエピソードもあります。幼稚園に登園して上靴に履き替えると、普段からイタズラ好きの同級生の男子が、僕の黄色い外履きを盗んで走り回っているのです。でも僕はイタズラをされても怒りもしなかった。人とモメるのも嫌で、「ハハハ」と笑ってその場をやり過ごしていたんです。

するとイタズラだけでは飽き足らず、その男子は先生の制止を無視して、幼稚園の屋根に私の黄色い外履きを放り投げたんです。みんなの気を引くためでした。ハタから見ると、完全なイジメですが、一緒になって笑っていた僕の子どもも心にはその認識すらありませんでした。

家に帰り、幼稚園でのエピソードを何の気なしに父に告げると大激怒。怒りの矛先は、もっぱら僕に対してでした。

「お前、空手もやってねんから、そいつを何で殴らんのや⁉」

空手を始めて肉体的に強くなったとしても、生来のおっとりとした性格まではそう簡単には変わりません。いくら父に怒られようとも、僕の優しい性格は昔のままでした。

父親の「顔を殴れ」との命令

「お前、ホンマに喧嘩もしたことないんか？」

「ないです」

「殴られたらどうする?」

「我慢する」

「お前、殴り返さんとどないするんや」

「そんな、人を殴ったらあかんもん」

今でもハッキリと思い出します。小学3年時の、父とのやり取り。僕の心優しい性格が、父からすると気弱に映ったのでしょうか。すると間髪いれず、

「お父さんの顔を殴ってみろ」

何を言っているのか意味がわかりません。

「人、殴ったらあかんやん」

「いいから殴れ!」

僕がうつむいていると父はさらにこう続けるのです。

「よっしゃ。俺を殴った強さで、お前の小遣い決めるわ」

僕は「小遣い」というキーワードに心が揺らぎました。この当時、実家は裕福ではありましたが、小遣いも親の気まぐれでくれたりくれなかったり。習い事にはお

金を使っていても、僕自身が自由にできるお金はありませんでした。

「ホンマに殴ったらくれるの？」

「おう、殴ったら小遣いやる。ドンとこい！」

厳格な父を、いきなり殴れる勇気もなく、軽く頬をパンと殴ると、なぜか父は大喜び。

「よっしゃ、今のは100円や」

僕はとっさにゼニ勘定をしました。

「こんな軽く殴った正拳突きで100円なら、もっと強く殴れば500円ぐらいくれるはず？」

そんな思いが頭をよぎり、急所である鼻っ面をガツンと一発殴ると、確かな手ごたえがあります。

「クリティカルヒットや」

僕は内心、有頂天になっていました。

すると父の顔から滴った血が口元まで垂れてました。谷本家は鼻血が出やすい家系で、父もご多分に漏れず、鼻の血管が切れやすいタイプでした。

なんぼもらえるんやろ？

ゴンッ！

もらえたのは父のごっついゲンコツでした。重い一撃を皮切りにパンチの雨あられ。頭に降り注ぐ拳を防ぐこともままならず、されるがまま。ボコボコに殴られる僕を見て、空手道場の生徒たちが走ってきます。

「館長、ダメです！」

制止されて、ようやく止まった父は、フト我に返ると今度は破顔してこう言うのです。

「ええパンチや。1万円や！」

一事が万事、破天荒すぎるほど破天荒な父でした。メチャクチャな父を象徴するような経験は今でも忘れられない〝イタい思い出〟として残っています。

喧嘩に勝つと褒められた

僕の実家は大阪市生野区の下町にありました。大阪市内の中でも生野区は決して柄がいいとは言えない地域。当時、腕っぷし自慢らが「俺がこの学校の番長や」と競い合うような土地柄でした。

小学3年のわずか8、9歳というガキでも、「誰が、同級生で一番喧嘩が強いのか」との議論が絶えず、喧嘩が始まるほどでした。

子ども時代なら笑って済ませていたモメ事にでも最後は喧嘩でカタをつけるようになっていきます。モメ事が嫌いだった僕も、仕方なく喧嘩に巻き込まれるという日常が始まります。

「喧嘩して、また勝ったわ」

空手道場で顔を合わせた父親に、そう告げると日頃のイカつい表情からは信じられないほど喜んでくれます。

当時は、父に褒められたいと自分ではそう思っていたのですが、内心では父に怒られたくないというだけで喧嘩に明け暮れていたような気がします。

校内では次第に「谷本が一番強い」との噂が立って、誰からも喧嘩を売られない平穏な日常が戻るのに、それほど日数はかかりませんでした。

生野の血気盛んな連中のコミュニティでは、勉強ができるやつよりも、喧嘩が強いやつがスクールカーストの最上位。何よりも「腕力」がモノを言う時代でした。キレイ事でも何でもなく、弱肉強食こそが生野の町の本質だと見抜いていた父だからこそ、喧嘩での敗北は許さなかったのかもしれません。父が目指したスパルタ英才教育はここまで順調でした。

進学塾から「もう教えられない」

小学生時代の僕は喧嘩ばかりのガキ大将ではありませんでした。父の教え通り、文武両道を貫いたため、小学生とは思えないほど多忙な毎日でした。すべては父親が子どもに託した夢のためです。

その厳格な父が喧嘩と並んで固執していたのが将来の職業についてです。伯父に倣って僕自身も「医者」への漠然とした憧れを少しずつ抱き始めていました。勉強ではそれなりの成績を収めていたし、テストの点数という成果が数字に現れるのが僕の性に合っていたのかもしれません。

小学4年生になると成績はグングンと伸びて青天井。通っていた進学塾からも、「谷本さんはレベルが高すぎて、うちでは教えられることがないんです」と、暗に退会を勧められるほどで、通学する小学校でも抜きん出た成績をあげるようになりました。僕は確信していました。

このまま勉強を続ければ医者になれる。

学力が向上して医師への道が現実味を帯びてくると、あれほど厳格だった父も、いつしか忸怩たる思いでこう嚙み締めるのです。

「吉紹、父さんがなれなかった医者になってくれ。ホンマに頼む、医者になってくれ」

さながらマンガ「巨人の星」の世界です。

僕の場合は、目指すべきゴールは医師であって、やるべきことはただ一つ、学力のアップでした。通っていた進学塾から「次のステップを」と背中を押され、この地域で有名な進学塾を勧められたのは、中学受験が控える1年半前の4年生の時でした。

関西の難関中学や高校に進学する子どもたちが集まる「特進」に特化した超進学塾。ネットもない当時は情報もほとんどなく、子どもたちの噂に聞こえてくるのは「秀才しかおらん」「ついて行かれんくてやめた」など、ネガティブな情報ばかりでした。

しかも、うちの母親も「ホンマ、賢い子ばっかかみたいやで(笑)」と、怖がらせているのか、励ましているのか…。独特の表現で息子の背中を押すのでした。

入塾希望者の学力を測るため、まずは試験を受けてレベルの判断。このテストで学力の立ち位置がわかるそうです。

自分自身も驚きの結果でした。

満点に近い点数を叩き出して、なんと「特待生」の枠で超進学塾に入れたのです。

▼名門校に入ったのはいいけれど

中高一貫の名門・清風南海に入学

厳しい受験の末、入学が決まったのは中高一貫の名門「清風南海中学」でした。「大阪星光学院」「四天王寺」と並んで、大阪の最難関の一つに数えられる中学校です。四天王寺は女子校で、その近くにある大阪星光学院は自宅からも比較的近い距離にある学校でした。

好奇心旺盛だった僕は、知らない町に出てみたいという願望が強くあって、新たなスタートを切るには生野から最も遠い大阪府高石市にある清風南海が適しているとの判断でした。

学校名が南海と呼称されているように、元々は南海電鉄の企業内高校として誕生した学校法人で、その後清風学園に譲渡されて、現在の校名として再出発した歴史があるそうです。

通っていた当時はまだ男子校（99年から中学校が男女共学）でした。クラスは進学校だけあって、成績によってグループ分けされていました。大学受験で東京大学や京都大学、大阪大学など、旧帝国大への進学を目指す学生が先頭グループ。学年の半数は国公立大学に進学するので当時の僕は「医者になれる」可能性に満ちあふれていました。

学校は中高一貫校だったとはいえ、厳しい面もありました。生徒にとって進級できるか否かが最大のハードルです。エスカレーター式だからといって中学から高校へと簡単に進学できるとは限りません。高校に無事上がれたとしても、成績が悪ければ否応なく留年。落ちこぼれた生徒には中学卒業時に、成績がかなり下の別の高校に進む先輩も少なからずいました。僕自身もそんな厳しい環境に身を置いて、さらなる勉学に励む予定だったのです。

初めて電車での通学に浮かれた気持ちも正直ありました。清風南海と言えば大阪では、誰もがうらやむエリート校です。

清風南海の制服を着て、地下鉄難波駅から南海線に乗り継いでの登校。車窓に反射する自分の姿を見て、ついに明るい未来への第一歩を踏み出したと幼いながらに思ったりしました。でも、そんな浮かれた気分も一瞬だけ。この学校の同級生は今まで接したことがない、自分とは真逆の超優秀な生徒の集まりだったのです。

成績優秀で医学部は合格ラインだった

入学当初は高かった勉強へのモチベーションも、日を追うごとに低下していきました。周囲を見渡してもガリ勉で黒縁メガネをした同級生ばかり。心から話せる親友がこの学校には1人もいませんでした。

僕はすぐに気づきました。コイツらとは、住む世界が違うと。生野区の地元で一緒に過ごした仲間たちは今でいうオラオラ系。一方、清風南海の同級生は勉強が最優先のガリ勉タイプ。当然と言えば当然ですが、「昨日、こういう本を読んだんだけど、どう思う?」が日常会話でした。おそらく僕の本嫌いはここから始まってるかも…(笑)。でも中学生の僕の目には参考書や書籍から得た知識だけじゃ、リアルな現実や人間味なんて、わかってないと反発心も湧いてきます。見かけ倒しのお坊ちゃまなんて大したことあらへんと距離をとるようになりました。

学校が楽しめないと次第に勉強も疎かになって、成績は先頭集団の中の下ぐらい。それでも中学2年生までは成績も比較的よかった方でした。大学の医学部は確かに難関ですが、模試の結果では、このままの成績を維持できれば、地方の国立大学の医学部ならば合格ライン。偏差値で言えば、信州大学などの医学部のレベル。医学部でなければ国立の大阪大学や私大の早稲田大学も合格圏内という判定でした。

この時点ではまだ、実家からそう遠くない奈良県立医科大学が当面の目標となりそうでした。ただ内心では、どこかわだかまりが残っていました。

それを痛いほど気づかされる事件が中学2年の秋頃のある日、突然起こったのです。

ある日突然、父親の蒸発

予兆は何もありませんでした。

ある日を境に父が姿を消しました。しばらくの間、見かけないなあと思って、初めて気づいたのです。

「お父さん、見かけへんな。どっか行ったん？」

何気ない気持ちで母親に問いただすと、一瞬の間が空きました。

「お父さん、出て行ったよ」

自分と視線も合わせずに、「ご飯だよ」とでも言うようなニュアンスでこう続けるのです。

「お母さんなぁ、もしかしたら離婚するかもしれん」

青天の霹靂とは、まさにこのことです。思考が停止して、それ以上は聞いてはいけないドンヨリとした空気が僕にのしかかっていました。

子どもには何も伝えず、勝手に消えた父親。

父の口から「離婚する」とも「出て行く」とも、何も告げられていません。最後の晩餐もなければ、父が母と別れる理由や家出する言い訳すら聞いてもいないのです。

何の前触れもなく、我が家から忽然と父が消えたのです。

祖父の鉄工所では、障害者雇用も率先して行っていました。その送迎も父の仕事でした。朝4時〜5時に起きて、遠くに住む職人さんも迎えに行きました。鉄工所の始業は朝7時からで、父はそれから機械の稼働を始めて、夕方まで勤務。これが父親の一日のスケジュールです。

父は、仕事を終えてもあまり家に帰ってこなくて、夜は「いない人」でした。空手道場以外では父と会う機会も少なく、中学に進学してからは空手の稽古からも離れて話す機会すらほとんどありませんでした。父の蒸発に気づくのが1カ月近く経ってからだったのは、そんな理由からでした。

よくよく話を聞くと誰にも何も告げずに勝手に家から出て行き、母が知ったのは父の門下生の空手道場の生徒からでした。

「館長から預かってます」

1通の手紙を手渡され、「この手紙で父が離婚したいと知った」と、母が晩年に「あの日」の真実を教えてくれたのです。

名門一家の中の落ちこぼれというコンプレックスは、父の人生に暗い影を落としていたのです。そして家族すら知らない父親の別の姿があったことも、父の蒸発から随分と経過した20歳を過ぎた頃に知りました。

父は積年のコンプレックスを夜の世界で発散。挙句、ヨソで女まで作って、遊ぶ金欲しさに会社まで起業していました。つまり、外で自分だけの世界を築いていたのです。

祖父が父よりもはるかに厳格な人だったことも関係していたのかもしれません。そのことが大きなストレスとなり、父は外の世界に自分の活路を見出していたのです。

4児の父親となった今となっては父の悲哀も理解できますが、当時の僕は、いや家族は父について、何も知らなさすぎたのです。

僕にとっては人生の一大転機でした。でも何事もなかったように、気丈に振る舞う母親。自分のザワつく感情と我が家のコントラストが今となってもなお「あの日」の記憶として鮮明に残っています。

▼「谷本家の女中になる」母の真意

親戚からは「寄生虫や」

一家の大黒柱となった母は、何も変わることなく、淡々と日々の生活を送っていました。父の託した夢を終焉せずに引き続き、「医者を目指してほしい」と最大限のバックアップを約束してくれます。母子家庭となっても僕と姉、そして9歳離れた弟の4人家族を支え谷本姓を名乗ったまま、自宅も以前と一緒です。おそらく母は、子どもの環境を変えたくないと思っていたのでしょう。

とはいえ、このまま自宅に居座るという選択肢は母にとっては、いばらの道でした。上流階級の谷本一族が下した〝審判〟によれば「父が蒸発したのは嫁のせい」と、あたかも母に非があるとでも言わんばかりでした。

父が蒸発するまではあれほど家族として普通に接していた親戚も、父親がいなくなった途端「寄生虫」や「あいつら出て行ったらいいね」と、母にわざわざ聞こえるトーンの声音で責め立てていたのです。

しかも時間が経つにつれて、辛辣な言葉はエスカレート。母をなじるばかりでした。

「アンタが支えへんから、あの子が出ていったやんか」

でも母は反論すらしません。いたたまれない様子を子どもながらに感じ取って、谷本家にはもう居場所はないと思う一方で、親戚に対して不信感や嫌悪感を抱き始めていました。

当時、祖母は糖尿病を患って自宅で透析をしていました。見かねた祖父はお手伝いさんを雇って、祖母の介護や家事などをサポートしていました。ところが父の蒸発を機に母はそのお手伝い役を祖父に名乗り出たのです。いわば「谷本家の女中」

として、蒸発した旦那の両親のお世話を始めたのです。

実は、父のいない自宅を離れずに居残るという選択は、家計の問題も深く関わっていました。子ども3人の母子家庭となれば、家賃の支払いなど女手一つで生計を立てるのにもひと苦労です。そこで、介護から家事全般に至るまで「谷本家の女中」を母が引き受ける代わりに、生活費を祖父が用立てていたのです。でも、身内ですからお手当は微々たるもの。これまでの裕福な生活から一変し、貧しさを感じることも正直あったぐらいでした。

さながら苦行以外の何物でもない。そんな針のムシロの状況であえて自宅に残ると決断を下した母には感謝しかありません。

深夜に自転車で向かってオムツ交換

祖父の家は自宅にほど近い場所にありました。自転車で走れば5分前後の距離。年月の経過とともに、祖母はおろか祖父の面倒まで母親が見るようになっていました。2人の義理の両親の介護に奔走する生活です。

当時は、母が夜中に飛び起きては、オムツ交換に出かける姿を何度も見かけました。

「朝ご飯、ちゃんと食べなアカンよ」

祖父の家で徹夜して母が朝方に帰宅するケースが次第に増えていき、朝ご飯の準備を終えると休憩もせずにまた祖父のもとへ。母子家庭の上、両親2人の介護はまさにブラック労働そのものです。

母親不在の時間が日に日に増えていきました。夕刻を迎えると、いったん帰宅して夕食の準備に取りかかる。子どもたちが食べている最中に、「行ってくるね」と言って、再び自転車に乗って介護に向かいます。

あれほど母に嫌味を言っていた祖父母を、献身的な介護でサポート。いくら生活のためとはいえ、化粧する時間も奪われて身を粉にして働く姿に、谷本家に対する怒りの感情は増すばかりでした。一方で、母親の祖父母に対する行動に対しても正直、疑問を持っていました。

父がいない今、なぜ母がこんな惨めな思いをしなければならないのだろうか？

後になってわかったことがあります。父親が残した借金は祖父が弁済していました。母親はその事実を祖父母の2人が亡くなるまで、僕には明かしませんでした。正確な額までは教えてくれませんでしたが、「祖父に大きな借りがあり義理を感じていた」と後に振り返って話してくれました。

ただ僕からすれば、借金は父親が始めた事業が原因。その借金を祖父が支払ったとしても、母には何の落ち度もなければ、罪の意識さえ持つ必要すらないはずです。

借金を谷本家に押しつけ開き直ることも可能でした。父が外で勝手に作った借金です。本人は他の女と消えていなくなって、私たち家族に返済する義務はあるのでしょうか？

でも母は弁解せず、祖父の恩と義理を感じて文句一つ言わずに最後まで介護を続けたのです。

祖父母の訃報と転居

ちょうど高校を卒業したタイミングでした。祖父母が相次いで天国へ旅立ち、谷本家へ嫁いだ母はお務めを終えました。

「お母さんね、この家を出て引っ越そうと思ってんねん」

母の表情は晴れ晴れとしていました。父が蒸発する時、万が一のために置いていたヘソクリや貯蓄まで金品という金品をすべて持ち出され、祖父から受け取っていた生活費もごくわずか。貯蓄もほんのわずかしかなく、仕事のメドもまったく立っていない状況です。そんな苦渋の転居でしたが、この地から逃げ去るように出て行きました。

母は城東区で見つけた一戸建てを購入するプランを立てていました。1階は喫茶店。2、3階が住居という築年数も古い中古物件を購入。急転直下、引っ越すことになったのです。担保がないので、一戸建てを買うにも銀行からは借り入れはできません。賃貸という選択も最初から母は望まず、市内各地のさまざまな中古物件を見て、この物件を選んだのでした。

一家の主となった母はある種の覚悟を持っていたのかもしれません。高金利のノンバンクで事業ローンを組んで借金からの再出発。でも幾多の苦難を乗り越えてきた母です。口に出さずとも「やれる」自信があったのでしょう。

母は女一人で生きていくには喫茶店の経営と決めていたようで、朝から夕方まで営業して母は身を粉にして働いていました。実は新婚時代の母は天王寺区に在住して、夫婦で喫茶店を営んでいた時期があったそうです。高校卒業と同時に、一人暮らしを始めていた僕は、ほとんど城東区の実家に帰る機会はなかったのですが、いつでも本当によく働く母でした。

たまに僕が顔を見せると、うれしそうに近況を聞きたがるのですが、深くは干渉しません。厳格な父を反面教師にしたのか、高校卒業後も自由気ままに生きてこられたのは母がいたからです。

▼そしてアメリカ村にたどり着いた

アメ村でタムロして門限破りの常習に

我が家には「夜7時までに帰宅」という厳しい門限がありました。その時刻を過ぎると家の鍵どころか、ドアチェーンまで閉じられて閉め出される。それが嫌で、7時近くになると慌てて家に舞い戻るのが習慣になっていました。ところが、父がいるから従っていた門限も、父の蒸発を機に僕の生活は一変しました。これまで抑えてきた「遊びたい欲求」が爆発して、夜な夜な街へと繰り出したのです。

とにかく街に出たかった。

正直な気持ちでした。あてもなく夜の街に出て、煌びやかな街で見るネオンに心を躍らせて、10代や20代の若者であふれるミナミのアメリカ村に行き、何をするわけでもなく、顔も知らない人たちと出会ってタムロする。

こんな毎日を続けていると生活態度まで乱れて、学校は遅刻と早退ばかり。最低限の単位だけは取得しつつも、中学3年生時にはすでにエリートコースから脱線。もっぱらアメ村通いに精を出していました。

父親がいなくなっても、母の態度だけは終始一貫していました。「医師になる」という目標も厳しい門限も変更なしです。夜7時を過ぎると、鍵を閉めて僕にお灸を据える方針は一切変えませんでした。

生野区にあった自宅は新築の一軒家で、祖父が両親のために購入した家でした。1階が倉庫で2、3階が住居。門限を過ぎて鍵を閉められると、施錠が解かれる朝まで耐えなければなりません。結局、家のスペアキーは引っ越すまで持たせてもらえませんでした。

介護で家を留守にする母が帰宅する朝まで待つのは、無理があります。そこで僕は苦肉の策で1階部分の倉庫で時間を潰しました。

正直、若いうちはどこでも寝られるのですが、真冬の時期だけは倉庫で寝ようとすると、シャッターから漏れる隙間風が寒くて凍えそうになります。寒さを凌ぐ知恵として、倉庫に置かれた新聞紙を体にグルグル巻きに。布団代わりに寒さを凌ぐと少しはマシになりました。

ところが早朝、真っ暗闇の倉庫に「ミイラのような人がいる」と気づいて驚くのは母ではありませんでした。朝刊を配達する新聞配達員の人です。何度も対面するうちに、目が合うと挨拶する仲になったのは今では話のネタです。

ブ男に美女が群がったパーティーデビュー

僕が通い詰めた1990年代半ばのアメ村はストリートファッションの全盛期でした。アメ村を象徴する建物となった大型商業施設「心斎橋ビッグステップ」や、同じく商業施設「心斎橋OPA」も90年代半ばにオープンします。コギャルが増えたのもちょうどこの頃です。流行の先端をいく衣類店が次々と開業して、街がさらに華やかになると、大阪界隈のみならず関西近郊から多くの若者たちが集まってきました。

街は可愛くてオシャレな女の子であふれていました。その中心はイケイケの女子中高生です。中学高校ともにオトコ臭い男子校とはまさに別世界。当時の表現で言えば、アメ村は「地べたに座ってタムロって適当にくっちゃべって何か知らんけど楽しい」といったところでしょうか。10代の若者って、集まっているだけで楽しいものです。

同世代の女子も僕と同じく、あてもなく集まってきました。アメ村に集まる所在なげな女の子に目を奪われながら、下心がなかったかと言われればウソになります。要は出会いのきっかけ作りをアメ村で探してました。今で言う「トー横」や「グリ下」に集まる若い男女と同じ感覚かもしれません。

そして中学3年生のある日のこと。アメ村の三角公園でいつものようにタムロしていると、突然、男の人に声をかけられました。

「自分、何歳？」

「15歳やけど」

「自分ら、パーティー来えへん？　今週の土曜日なんやけど」

明らかに自分よりも目上の人でした。現在の「なんばグランド花月」の場所に、その当時は「Ｄｅｓｓｅ Ｊｅｎｎｙ」というクラブがあって、土曜日の昼間にパーティーがあると言います。

「高校生とか来るから。自分も女の子好きやろ？　パー券、買ってや。５０００円ぐらい持ってるやろ」

かなり強引な口調でした。相手は駆け引きもわからない中学3年生に、半ば恐喝のように1枚５０００円のパーティー券を売りつけるのです。僕もなけなしの５０００円を支払ったからには二の足は踏めません。

この時が、僕のクラブデビューでした。店内は音楽はガンガンの大音量。フロアを見渡すと派手な女子高生が腰をグラインドさせながら踊って、お立ち台にも何人かいます。

誰一人知らない人たちでスシ詰めのフロアにいながらも、初めて訪れたアウェー感。行き場のない感情を抱えつつボーッと一人で立っていると、たまたま先日パー券を売りつけられた「あの男」がいたのです。

「来ました、来ましたよ」

「おっ、あん時の子か。可愛いい女、見つけたか？」

薄暗闇の光の効果もあったのでしょうか。女の子は眩いばかりにキラキラして、大人びた女性に見えます。

それよりも驚きの光景が、ガラス張りのＶＩＰルームの中で繰り広げられていました。中をのぞくと、男前とは言えない不細工な男がキレイな女の子に取り囲まれて、まるでスターのような扱いをされているのです。僕はたまらず、男に質問してしまいました。

「あんな不細工、何であんな女の子いっぱいおるん？」

思わず出た本音を「あの男」に問いただすと質問がまずかったのか、顔を真っ赤にして、こう咎めてきました。

「お前、黙れって！　誰かに聞こえたらどないすんねん。このパーティーの主催者やぞ」

彼はスターでもなければ有名人でもない。聞けば、単なる高校生の主催者でした。そんなルックス的には十人前の男が美女からチヤホヤされて…。やり場のない怒りや妬みというよりも、自分でも、これまで思いもよらなかった別の感情が芽生えます。

俺が主催者になったらどうなるのか。

これまで医師以外考えてこなかった自分の未来の姿が、パーティーの主催者とダブりました。ぶっちゃけ「うらやましい」と憧れるようになりました。

このパーティーへの参加をきっかけに、パーティーを主催するにはどうしたらいいのかと自分なりにシミュレーションするようになっていきます。僕の経営者の原点はこのパーティー体験から始まったのです。

アメリカ村で一番有名な高校生

実はパーティーの主催者と会社の経営者には数多くの共通点があります。

まずイベントを主催するにはパーティーを運営するスタッフが大勢必要です。いくらアメ村でタムロしていても見ず知らずの高校生にいきなり声をかけたところでスタッフになりたがる人はまずいないでしょう。

では簡単にスタッフを集めるには、どうすればいいのか。ズバリ、自分がカリスマになることです。自分が有名になれば、向こうから「友達になりたい」と勝手に人が集まってくるのです。

パーティーで見た、不細工な主催者はクラブ内では誰もが知る人物でした。表面的には同世代のスタッフ連中よりもリスペクトされて、主催者と知り合いだというだけで、自慢のように語る女の子もいたぐらいです。

カリスマになれるのはほんの一握り。

アメ村のような小さなコミュニティでも時代の先頭を走るカリスマになれるのはごくわずか。言ってみれば、ほとんどが流行に遅れたくないコピー組ばかり。流行に敏感でオシャレな街だったアメ村でも流行りの音楽にファッションがあふれ、テレビやメディアの情報に流された人が大半でした。

90年代半ばになると、「ストリートファッション」とは対照的な、ハイブランドがブームに。個性的なシルエットのファッションで席巻した「モード系」が流行します。ストリートからモード系への移行で、街を歩くメンズファッションは一気に様変わり。服装を少々奇抜にした方がカッコイイというカルチャーがアメ村の主流になりつつなっていました。

僕は気づきました。オシャレな人ほど注目を集める。

有名になるために、「ファッションでリードしてアメ村のカリスマになる」ことを目指しました。90年代にこんな発想を持っている若者はごく少数派で、有名になるにはスカウトされるか、オーディションを受けるか。この二択しかないと、みんな信じ切っていた時代です。

僕の考えは違いました。インフルエンサーが隆盛する、今と発想は同じです。SNSを活用するか、街に出かけて実際に見てもらうのかという表現方法の違いです。

僕が目をつけたのは、男性がスカートを穿くというモード系のスタイルでした。当時はまだまだ奇抜すぎて恥ずかしいのか、アメ村ではほとんど見かけなかったファッションです。そこを、僕はあえてスカートを穿いた奇抜なスタイルで、実際にアメ村に出かけると少しずつ注目を集めるようになったのです。

いわば、「目立ってなんぼ」の精神です。

流行の先端であるアメ村で奇抜な格好で歩いていると、雑誌のカメラマンからよくお声がかかって、撮影に応じる機会も増えました。雑誌のスナップで取り上げられるという意味は、ファッショナブルだと太鼓判をもらったようなものです。

なんと言っても関西圏のメンズファッション誌「カジカジ」の影響力は本当にすごかったのです。この雑誌は流行のアイコンで、アメ村に来るような若い子はこぞって愛読していました。

僕の独特のファッションが同誌のストリートスナップに何度も登場すると、アメ村中に名が広まって、服屋の店員からもよく呼び止められるようになりました。

時には年上の男性からも、「君って、前に雑誌に載ってた子やんな」と、まさにカリスマ扱いです。

全国的に読まれているメンズファッション誌「メンズノンノ」にもストリートスナップで載ったことがあります。この雑誌に載った直後には、アメ村での知名度はピークに達して、三角公園でタムロしていると周りは人だかりに…。

学校では友達がゼロでも、アメ村に行けば多くの仲間が待っていてくれる。こうしてアメ村で最も有名なカリスマ高校生になっていくのです。

PHSの登録者は1000人

ファッション雑誌の宣伝効果は絶大でした。

「谷本君やんな」

アメ村を歩いていると、自然と女の子から声をかけられて、こちらがわざわざ持ちかけなくても向こうから紙に書いた連絡先を渡してくれます。

当時はピッチと呼ばれたPHSとポケベルの2台持ちでした。

「連絡先教えてくれますか？　ホンマに？　めっちゃうれしいんやけど！」

番号交換だけですでに大騒ぎでした。

高校2年生当時、知り合いレベルでは大阪だけでも何千人にもなっていた。連絡を取り合う仲となると、ピッチの電話帳1000件がすべて埋まった状態でした。

番号の交換でさえ、誰かを消さないと新しい番号を追加できずに、さらに顔と名前を一致させるのは至難の業。恐ろしいスピードで知り合いが増えていき、それに伴って仲間と呼べる男友達も少しずつできたのです。

この頃になると、夢のイベントの主催は実現間近。仲間たちと最終的に集客に至るまでの青写真を何度も練っていました。

「全然いけるよな。200人やったら簡単に集まるんちゃう」

否定的な意見は誰からも出ません。知り合いの女の子に一声かければ、

「パーティー？　行く行く。いつでも言って」

と大歓迎でした。憧れのイベント主催はもはや夢物語ではなくなっていたのです。

CHAPTER 3

10代で個人事業主に

▼1カ月で70万円稼ぐ高校生

パーティーは世の中の縮図だった

僕がパーティーの主催者になりたいと思うようになったのはなぜか。実は中3の時にパーティー券を売りつけられたエピソードには後日談があるんです。初めてパーティーに行った時、たまたま居合わせた別の客から、とんでもない話を聞かされたのです。

「パーティー券が5000円？　何で？　俺は2000円で買ったで」

何と、僕が5000円で購入したパー券を半値以下で買っていたんです。それどころか、僕みたいにパーティー券に書いてあった定価で購入した人などほとんどいなかったのです。

僕はこの時「金」についてトコトン考えさせられました。中学3年生には5000円という金は大金です。大人子ども関係なく初めて経験する社会の理不尽さ。世の中は結局、「搾取する側」と「搾取される側」で成り立っている、結局、パーティーで儲かるのは、ピラミッド型の組織の頂点にいる主催者とその下にいる幹部たちだと悟ったのです。

たとえば、定価5000円のチケット300枚がここにあります。主催者は仲間の幹部たちに1枚1500円で、総額45万円で買い取らせます。幹部はそこから友達に2500円で販売。その後は知り合いに3000円で売ってもいいし、路上で売りつけて4000円の値をつけてもいい。それぞれ自分の利益を上乗せして売りさばく中で、僕のように定価5000円でババを引く人間も出てくるというわけです。僕は「搾取される側」から「搾取する側」に回りたいと本気で考えるようになりました。それがパーティー主催者だったのです。

とはいえ、フタを開ければパーティーは水モノでした。先のパーティーの例で言えば、主催者が45万円を手にしたとしてもパーティーの必要経費を支払わなければいけません。必要経費で最も大きいのが会場費です。クラブと交渉して、昼間の時間帯を格安の20万円で借りることができれば、主催者は25万円の儲けが出る計算です。5000円どころか、1人あたり750円の入場料金でも採算が取れるようなビジネスモデルだったのです。

一見、ボロい商売に見えますが、イザやってみるとこれがなかなか難しい。

僕も集客規模300人程度のパーティーを1カ月に2～3回のペースで主催するようになりました。当初の儲けは試算通り、1回につき20万円から25万円の利益。トータルして月収70万円といったところでしょうか。学生にしては破格の金額です。

しかし、想像以上に出費がかさむことが、徐々にわかりました。単発のイベントならまだしも、定期的に開催されるパーティーでは「飽きられる」ことが一番のリスクです。そのためには、ブランドイメージが重要とされます。

「あのパーティーは主催者だけイイ思いをしている」

「毎回メンバーが同じで面白くない」

こんな風評が立ってしまっては、あっという間に客離れが起きて、それこそクラブ側もスペースを貸してくれなくなってしまいます。

高校生イベンターだった僕はそんな危機感もあって、常にいろんなパーティーに顔を出しては市場調査に精を出して、「これはいいアイディアだ」「こういう人の集め方もあったんだ」と、自分のパーティーに取り入れると同時に、仲間も増やしていきました。

高校時代、アメリカ村のイタリアンレストランが自分たちのたまり場になっていました。イベント終わりの打ち上げでもたびたび利用し、支払いは主催者である僕が全負担です。それも打ち上げに参加した50人全員の食事代ですから1人2000円分だとしても支払い額は10万円ほど。全負担した理由は、主催者が食事代を負担すれば、「一致団結する」であろうという思惑が根底にあったから。高校生ながらチームにまとまりがないとイベントは続けられないと考えていました。

いわゆるサラリーマンの飲み会と同様で、仲間の士気を高めるためのものです。高校生ながらも、実に日本的な結束で絆を深めていたわけです。

そういったフトコロ事情もあって、たとえ月に70万円稼いでも、自分の手元にはお金はほとんど残りませんでした。仲間との遊興費のほかに、洋服も安物は買いません。1着10万円や20万円のブランド品を毎月のように購入すれば、財布はすぐにすっからかん。

とはいえ、ファッション誌に掲載されるストリートスナップの宣伝効果は絶大でしたので、洋服代をケチるのは「NO」です。主催者になることで、より意識して服装は高級なモノを中心にセレクト。高校生の若僧だからこそ、周りに舐められないように背伸びしてカリスマ性をアピールする必要が逆にあったのです。

人生で初めての坊主頭に

アメ村にタムロしていた時期、肝心の学校生活でいい思い出はまったくありませんでした。

中学2年生で父親が蒸発して以降、勉学にもまったく身が入らず、成績も下降線をたどる一方でした。でも、性格的にべべ（関西弁でドベのこと）にはなりたくないタイプ。要領はイイ方だったので、高校にはエスカレーターで上がれる通知表の最低ラインの成績であるオール2以上を目標として、父がいた頃とは正反対の堕落した学生生活を送るようになります。

何とかギリギリ中学校から高校へ内部進学。ところが高校生活が始まると、英語を担当する教師に目の敵にされます。あまりに腹が立ったんで、しばらくは英語の授業になると授業をふけて、保健室に避難して寝て過ごす時期もありました。そんな高校生活の中で、ほんの少しだけ心を許せる人物がいました。それが担任教師でした。

「英語の授業も受けろよ。何が嫌やねん。嫌やったら受けているふりして寝ててもええやんけ」

口が悪くても、心底から心配してくれる先生でした。母親とも常に連絡を取り合って、私の生活態度など諸々の相談に乗っていたようです。ところが卒業間近になって事態が急変。窮地に立たされたのです。

「お前は清風南海始まって以来の悪いやつや！」

英語教師は生活態度もさることながら、ツンツンに立てた髪の毛が気に食わないようでした。実際、高校の校則は厳しく、「髪の毛を染めてはいけない」「前髪は眉毛より上にする」「整髪料も使用不可」など、オシャレはもってのほかと言わんばかり。当時の僕は夜遊びばかりで、とても清風南海の学生という雰囲気ではなかったのは認めます。でも、出席日数やテストの点数もギリギリながら単位は取れると見込んでいたのに、「出席日数が足りない」と天敵の英語教師から宣言されたのです。

「単位が足りりんちゅうことは留年やな」

果たしてそれが嫌がらせなのか勘違いなのか、真相はわかりません。いずれにせよ単位が足りないとなると学校の校則では間違いなく留年です。

瀬戸際に追い込まれた状況を察した担任教師も、母親に電話で緊急連絡。担任の教師でさえ、「今回は守りきれないかもしれません」と伝えたそうです。

「アンタ、留年は絶対アカンで。私が何とか言ってお願いしてみるから」

「あんな先生、無理やて」

「いいや、お母さんがちゃんと言えばわかってくれるから！」

母は校長にまさかの直談判。「息子に何とかチャンスを与えてください」と土下座し、首を縦に振るまで帰らないと主張していたそうです。

「時間をください。私の方から先生と話してみます」

何とか首の皮一枚でつながったと思いきや、再び英語教師が校長に告げ口して危機一髪です。

「コイツは髪の毛も染めてて、ふざけた態度なんですよ、校長」

茶色の髪の毛を隠すため、黒色のカラースプレーを塗って、その場を凌ぐつもりでしたが、まんまと見破られて、髪の毛を水で濡らされたのです。

「見てください。髪の毛が茶色ですよね。校則違反で反省もしてません。見せかけだけです。そこで私からも条件を提示します。それを履行するならチャンスを与えてもいいでしょう。この髪の毛を切って坊主頭にするんやったら考えてやりますよ」

僕はコトの顚末を帰宅後、母親に報告しました。

「坊主にするぐらいやったら学校辞めるわ」

僕が思いのたけを伝えると母は大号泣です。

「何で坊主にせんの。辞めるなんて言わんといて！」

「切れ」「切らない」の押し問答。母も一向に退く様子はなく、一つだけ条件を提示して坊主頭にすると約束したのです。その条件とは、
欲しい服を買ってくれたら坊主にする。

ファッションに目覚めて、今やパーティーの主催者です。イケてない男の代表的なイメージの坊主刈りを天秤にかけた時、髪の毛を犠牲にしても欲しかった服を手に入れる。それぐらいしか納得ができなかったのです。

英語教師は再テストも僕に課しました。合格ラインは70点以上です。それまで英語の試験では、赤点ギリギリの40点前後をいったりきたりしていたので、今考えるとムチャな条件でした。

正直、坊主頭にまでなって不合格なら目も当てられません。しかしながら、昔か

ら「火事場のバカ力」で逆境にはめっぽう強いタイプでした。

結果は合格ラインを余裕で超える80点以上を叩き出して、留年は免れて無事卒業できました。今考えるとラッキーでした。

素行の乱れが原因で教師や先輩、同級生からもさんざん色眼鏡で見られました。高校在学中からアメ村で仲間を作って群れたのは、無意識の中にあった友情への渇望だったのかもしれません。

センター試験を受けたけど

不真面目な生徒でした。ですが、医師への夢は心の片隅にぼんやりと残っていました。

どうせ無理だろう——。

本音では九分九厘わかっていましたが、諦めの悪さは誰にも負けません。受験しなければ万が一の可能性もない。心のどこかで「医大に行けるなら行きたい」という気持ちと、不合格なら「しっかりとピリオドを打ちたい」という気持ちが交錯していました。

とりあえずセンター試験だけを受けてみました。

結果はといえば…、惨憺たるものでした。学業をサボっていたツケが回ってきたのでしょう。試験はやはり甘いものではなかったのです。

数学だけは志望校の医学部に受かるような点数でしたが、それ以外の科目は無惨な「終わった」点数でした。この試験結果に、母親は納得したようです。「浪人して医者を目指してほしい」とは言われませんでした。

清風南海高校はその当時、半数以上が現役で国公立大学に進学。他は私立大学か、浪人生がほとんど。卒業後に就職を選択する人は「聞いたことがない」というほど稀少な卒業生として、僕は社会への第一歩を踏み出しました。

僕は個人事業主として起業した上でバイトも並行するという道を選びました。

▼「人材派遣しかない」

夢が破れても人脈はある

実は医者の夢が儚く散った瞬間、イベント業をメインとした個人事業主になろうという発想はありませんでした。最初は夢が砕け、ただ漠然と何も決められない状況でした。

医者にも教授にもなれない。残るは経営者かヤクザか。

一人ぼんやりと悩み続けていると、父親から幾度となく聞いたセリフが頭に浮かびました。

僕の残りの選択肢は経営者だけだ。

今僕にあるものとは何だろう。パッと浮かんだのは、一本電話をかけるだけで、すぐに集まる仲間でした。それこそが僕にとって唯一の財産である「人脈」でした。人脈がパーティーを支え、パーティーの主催で人脈もまた広がっていきました。人脈が広がれば、大きなお金の流れを生み出すことができます。僕はパーティーの主催をビジネス展開していくことを決意しました。

ファッションショーのからくり

高校を卒業してからはイベント業に集中できる時間も増えました。まずは主催パーティーを月2回から週1開催というスケジュールに組み直しました。

ところが、ここで問題が生じました。「マンネリ」の問題です。時代に即したイベントを打ち続けるのは思ったよりも困難で、単に踊るだけのパーティーではすぐに飽きられてしまいます。次第にたくさんの集客も見込めなくなってきました。これまで通り、知り合いを頼ってチケットをさばく一方、路上での手売りも始めましたが、売れ行きは芳しくない状況が続きます。

集客の鍵を握るのは女の子たちです。クラブでもレディース割引が当たり前で、顔の広い常連の女性客はフリーパスにしても彼女たち目当ての客が集まってくるので十分にペイできます。

そんなマンネリを打破する、ある企画をブチ上げました。それが、服飾系専門学校の学生たちとのコラボイベントでした。イベントの趣旨をガラリと変えて、ファッションショーやヘアカットショー中心にシフトチェンジしました。

素人参加型のイベントに変更したのも訳があります。人は承認欲求のある生き物。この承認欲求を逆手にとって、町で歩いている女の子に声をかけて、モデルとしての出演を申し込む作戦です。

中でもターゲットは、「キレイだと自覚」しながら、「周囲は認めてくれない」と不満を抱いている女の子です。自分がキレイだと自覚している女の子は歩き方一つで判別できます。「見られている」との意識が高いので、歩き方にもスキが少ない。テナントのウィンドウに映る自分の姿を見て、全身をチェックするタイプの女の子です。

「すいません、お姉さん。むちゃくちゃキレイですね」

「え、そんなことないですよ」

こんなふうに声をかけると、ほとんどの女の子は立ち止まってくれました。間髪いれずに言葉を続けることが重要です。

「僕たち、5月16日にファッションショーを開催しようと思ってまして、実はショーモデルを探してるんです。モデルの方にギャランティをまだ渡せないんですけども、ギャラの代わりにコレ。実はファッションショーのチケットで、値段は1枚5000円なんですけども、出ていただく出演者の方にはディスカウントして2000円で譲ってます、お姉さんはキレイなので出てもらえませんか？」

十中八九、買ってくれました。ただし、狙いはもう一つありました。チケットをさばける人を増やしたかったのです。

「自分がモデルするよ、って言うと見に来てくれる友達もいるんじゃないですか。その方にチケットを売ってもらってもいいですよ」

こんな説明をすると、「20枚もらいます」「30枚ください」と、大半の女の子がチケットを自発的に売ってくれるのです。

自分がモデルに選ばれた——。モデルという響きが重要で、自身の承認欲求が満たされて、さらに友達にも自慢したい。言葉は悪いですが、女の子の〝エゴ〟でチケットが飛ぶように売れたのです。

モデルの対象年齢は16歳から23歳で、驚くほど簡単にモデルもイベント参加者も集まりました。

次なる問題はファッションショーのデザイナーでした。こちらもモデルと同じ要領です。大阪市内にある服飾系の専門学校に出向いて、帰宅するオシャレそうな学生に片っ端から声をかけまくりました。

「今度ファッションショーを主催するんですけど、デザイナーをしませんか？」

せっかく作品を完成させても、発表する場がないという専門学校生の承認欲求を踏まえての行動です。「私の作品を見てもらいたい」そんな承認欲求を満たす作戦です。モデル同様、友人知人にチケットも売ってくれて、ショーは大盛況でした。

普段のイベントは、200から300人規模。それがファッションショーやヘアカットショーをすると規模がケタ違いです。1000人規模の箱が満員となって、方向性は間違っていないとの自信が生まれたのです。

人材派遣の面白さを知った高校時代のアルバイト

本町にある「M」という居酒屋でアルバイトをした時の話です。まだ高校生の頃でした。

居酒屋をマスターとママのご夫婦で経営されている個人店で、昼間はうどんや定食などのランチ営業。土日の昼間のみシフトに入るとの約束で、非常にお世話になっていました。

そんな折に偶然見たニュースで、派遣法の規制が緩和されて対象業務が拡大すると知りました。派遣ビジネスについては何も知識がなかったのですが、僕はあるアイディアが浮かびました。そこで人材派遣について調べ上げて、マスターにこんな話を持ちかけたのです。

「自分はこれから忙しくなると思うので、僕がバイトに来れない日は代わりに知り合いを連れてきてもいいですか？」

「忙しくなるの？　いいよ。じゃあ連れてきてよ」

「今、バイト代、時給900円ですよね。知り合いには850円の時給。それで僕が手配するので手配料として1時間50円をいただけませんか？」

「その知り合いが850円で働いてくれるんだったら、うちは金銭的にも損しないし、それでもいいのなら」

「僕、めっちゃ知り合いがいるんですよ。次のバイトの時、連れてきますね」

バイトの人手が足りなくなれば、お店側が探すのはひと苦労。再び求人誌で募集広告を打たなければなりません。オーナーとしては金銭的な負担を考慮すれば大助かりなはずです。

それにしても、マスターはなぜ高校生のつたない提案を受け入れてくれたんでしょう。それは「清風南海」のブランドでした。有名校に通っている真面目な子が「悪いことをするはずがない」との思いこみです。

僕にとっても実にラッキーでした。ちょうどこの頃はイベントの主催をスタートさせたタイミング。イベントは学校が休みの土日のどちらかで開催していました。

どうしてもバイトを休まざるを得ません。そこでバイト派遣という形なら、お店側はバイトを確保できるし、僕にとってもほんのわずかな金額ですが、新たな収入源を確保できて一石二鳥です。単にバイトを休むだけなら一銭も入りません。

しかも、知り合いを派遣するだけで8時間労働として実に400円が不労所得として入ります。400円と聞くと微々たる金額ですが、月に4回バイトを派遣すればl600円。年間ベースでトータル1万9200円になります。

派遣ビジネスのイロハを人に教えてもらうわけでもなく、バイトの延長で試行錯誤しながら徐々にノウハウを蓄積していきました。

面接を受けに行った派遣会社との縁

派遣業務を広げるべく、大阪のとあるイベントの請負会社に派遣登録の面接に行ったことがあります。とはいっても、自分が派遣登録をしてバイト代を稼ぐのが目的ではありません。本音は、派遣会社に僕の仲間を仲介して、紹介料を得るというのが目的でした。

「派遣登録する前に、一度面接したいので弊社に来てもらっていいでしょうか？」

電話で対応した担当社員はこう言います。

ところがその面接当日、告げられた時刻に会社へ出向いても「少し待ってください」と告げられたまま、いつまで待っても面接担当者が現れないのです。

コンサートの警備員や解体業務などの派遣スタッフを扱っている会社でしたが、面接するはずの担当者が何やら電話口で怒鳴られているようでした。

僕が待たされた部屋と隣のデスクはパーテーション1枚で隔てられただけ。電話の内容は丸聞こえです。

「明日やぞ。お前、全然人数が足らんやんけ！」

電話口から罵声が漏れて、担当者が平身低頭で謝罪している光景が目に浮かびます。

「もうすぐ手配ができます。少しだけ待ってください」

平謝りの社員が受話器を置くと、社内がザワつき始め、「誰か、呼べる人おらんか？」と社員一同も対応に追われている様子でした。

ようやく現れた担当者は脂汗でびっしょり。こっぴどく怒られたからでしょう。サッカーの試合をフルタイム終えたような顔色で現れました。

「ごめんなさい。今、バタついてまして…」

「人が足らないんですか？」

「いやいや…」

僕との面接は二の次。どうやら心ここにあらずでした。

「明日ですか？　人でしたら何人でも集められますよ」

「え、本当ですか？　できるんですか？」

「何人必要ですか？」

「本当のことを言えば8人ですが…。ダメでしたら1人でも2人でも、何人でも働ける人がいればありがたいです」

その場で僕は仲間に連絡して、4人をひとまず確保。幹部が別の仲間を集めれば、8人ぐらいなら何とか集められそうな人数です。

それよりも、担当者は、たった電話数本で人を集めた僕のやり取りを見て、尊敬のまなざしでした。

「同業者の方？」

「違います。何百人規模のイベントを週1で手がけているので仲間や知り合いが多いんです」

こっちのペースに交渉を持ち込めば、あとは時給と手配料の提示だけ。言い値の条件を先に示すと、

「僕もタダで働くのは嫌なんで1人頭800円の手配料と、1人1時間1100円の時給をお願いします。働いた子たちには日払いにしてくださいね」

担当者の上司もすぐに了承して、ほとんど即決のような形で成立。居酒屋のバイト派遣を除けば、初めての仕事としての人材派遣となったのです。

結局、会社と言えども仕事を発注するのは、担当者レベルです。困った時に助けてくれた相手には自然と仕事を回してくれるのが人情。いわば「win-win」の関係です。

この会社とはこの一件を皮切りに取引を拡大。派遣する人数もどんどん増やしてビジネス的にも上々のスタートを切るのです。

「明日までに100人揃えて」

スタッフ手配の依頼を何度も受けているうちに、派遣業界の常識が少しずつわかるようになっていきました。

主にイベントホールで開催されるコンサートや展示会などの請負業者は、同業他社との横のつながりが強い業界でした。この業界の最大のネックは人材不足で、即戦力の手配業者を探してアンテナを張りめぐらせておく必要がありました。

「電話一本で大人数にも対応してくれるから、非常に便利ですよ」

どうやら派遣業界でも僕の噂が広まっていたようです。取引先の会社の担当者から、「紹介してほしいとの声が届いている」と言われます。

「Aという会社があって人手不足で手配をお願いしたいと言ってるんだけど、どうかな？　紹介しようか？」

　こうして派遣先の会社が2社に増えると、派遣する人数も飛躍的に増えていきました。しかし、さまざまな依頼をこなしていくうちに、時にはどう考えてもムチャすぎる依頼が舞い込んできます。

「明日までに何とか、100名揃えてもらえないかな？」

　弱りきった声でそう訴えられても正直困るのですが、この業界ではまだまだ新参者。この機会に恩を売っておけば、いざという時に助けてくれるかもしれません。

「わかりました。少しお待ちください。今から集めてみますので、状況は随時連絡させてもらいます」

　100人が必要だとしても自分から直接手配の電話をかけるのは、せいぜい数名の幹部のみです。私よりも幹部の方が人脈のネットワークが広範囲で、彼らの守備範囲が「人を集める」ことだったからです。

「明日、コンサートが入ったから30名揃えてくれる？」

「なかなかの人数だね。わかったよ、手配してみる」

世間の常識でとらえれば、無理難題な要求です。でも、幹部は必死になって人材を確保します。なぜかというと、そこにイベントメンバー間のヒエラルキーが関係しています。彼らは幹部からの「降格処分」を非常に恐れていたのです。幹部だからこそ安価で手に入ったチケットも、定価となれば自分の収入減にも直結します。

それ以上に、彼らは幹部というポジションを失うことを恐れていました。

幹部たちはお金儲けというよりは「モテたい」や「一目置かれたい」など、肩書きに魅力を感じて寄ってくるタイプの人間が少なくなかったのです。

類は友を呼ぶではないですが、実は幹部の連中と私は似た者同士。自分の居場所がない孤独な子ばかりでした。大きなパーティーを終えて打ち上げの最中でした。ある幹部が感極まって、こんな心情を打ち明けます。

「今までずっと一人やった。ずっと一人で強がっていたけど、ホンマは寂しかった。こんなに楽しいイベントをやって、その寂しさにようやく気がついた」

お互いに行くあてもなく一緒にタムロして、パーティーを手伝ってくれたのを機に、幹部になったような仲間です。

自分の居場所をなくしたくない。

こんな表現が一番適しているのかもしれません。でも、パーティーの主催者は僕です。自分で立ち上げて大きくしたイベントという自負もありました。だから、時には冷徹に幹部を降格させることもありました。その権限は僕だけが持ち得た特権だと自分自身に言い聞かせたものです。

1万人の人脈は下剋上制度

ＰＨＳに登録した人数の１０００人が自分の人脈のすべてでした。これが幹部から末端のスタッフまで含めると、トータルで1万人ほどがつながっていたと思います。

僕よりも多くの人脈を築いて、競い合うように「人を集める」のが幹部の主な役割でした。僕は人脈を広げるためのアイディアとして、幹部の下に「幹部候補生」という新しい役職を作ったりもしました。幹部候補生は、幹部とは別の新しい人脈をせっせと築いて競わせます。結果、幹部を脅かすほど人脈を持った子たちも出てきました。

役職的には幹部の下ですから、幹部候補生をうまく操縦できれば、幹部の片腕となる人脈なのですが、そこは諸刃の剣。野心があるやつほど、一筋縄ではいきません。この時点で幹部である上司の人間力が試されます。

当時の僕は個人事業主でしたが、多くの人を動かすという点では経営者と何ら変わりがありません。どんな組織でも首脳陣を安泰なポジションに据えてしまうと、組織はどんどんと腐っていきます。腐敗を招かないために、「幹部候補生」という下剋上可能なシステムをあえて作ったのです。

幹部は人を集められないようなら問答無用に降格させて、幹部候補生を昇格させ幹部に配置します。そこには情もありません。

実は幹部に降格を言いわたす前には、早い段階で僕のもとに「危険信号」らしき情報が届きます。

「女の子とばっか遊んでて、手配を下に押しつけるんですよ」

「H君、今も飲みに行ってますよ。吉紹君がいる場だとちゃんとしてますけど、いないと何もしてませんよ。下の者に任せっきりです」

パーティーを始めた当初は、古くからの友人を優先して幹部に登用したこともありました。しかし、パーティーの規模が大きくなるとチヤホヤされて有頂天。あぐらをかいてサボるやつが出てきます。

社会経験もない20歳前後の若者だから当たり前といえばそうでしょう。しかし危機感を持たないと、イベントも派遣業務も続けることができません。たとえ、ビジネスが失敗しても遊びほうけた幹部はおそらくずっと遊び続けるでしょう。そこで自分の存在を脅かす幹部候補生という存在を作って、危機意識を持たせました。

そんな意識を持たせても性格は簡単に変わりません。結局遊び癖が治らず、降格させた幹部は何人もいます。1万人の人脈を築いて維持するには、一朝一夕の努力では成り立たないのです。

居酒屋のビラ配りで月100万円稼ぐ

イベントと派遣事業と並行して、ビラ配りを請け負っていた時期もありました。梅田の東通りにあるカラオケ店からの依頼でした。

高校時代に短期でティッシュ配りやチケットの街売りをしていたおかげで、歩いている人が受け取ってくれるタイミングやコツに関しては相当な自信があります。では、なぜビラ配りの依頼を受けたか。時給は最低賃金が保証された上、来店客の人数次第で大きな収入になるからです。

しかも、ビラ配りがうまいと聞きつけたチェーンの居酒屋からこんな話をいただいたのです。

「時給以外にも1名あたり、300円のマージンを歩合として渡します」

かなりの太っ腹な提示です。これを機にカラオケ店からチェーンの居酒屋に乗り換えました。

居酒屋に行くお客さんは、大抵が2名以上。一人客は少ないので、団体客に目をつけて声をかけて店に連れていくのは簡単です。月収100万円まではあっという間でした。

実はビラを受け取らせるというコツは簡単そうに見えてテクニックが必要です。コツを一つだけ明かすと、女性の場合は胸の高さにチラシを出して、歩く速度のギリギリのタイミングで差し出すのが鉄則です。

「止まるか」「受け取るか」の二者択一です。そのまま歩き続ければ、胸にチラシが当たります。今ではセクハラになりかねませんが、当時はかなり強引な駆け引きで、女性にチラシを渡してました。

チラシを受け取ってもらえれば間髪いれずに、次のステージです。

「ご興味あるんですね。ありがとうございます。お姉さん、お目が高いですね」

本題をすぐに説明せず、まずは雑談から始めて「怪しい人物ではない」と印象づけることが大切です。会話をスムーズに進めたところで、本題の居酒屋を紹介するというのが客引きの一連の流れでした。

ビラ配りは得意中の得意でしたが、肝心の働く意欲という点で、以前のようにはいきません。貪欲さが欠けて、月の収入が100万円に到達したとわかれば、あとはプライベートの時間に充てて遊び優先。高校を卒業して3年間、何もない大海原を泳いでも、その先の展望は何も見えてこない感覚でした。

お金は稼げたけど、果たして経営者として成功したと言えるのだろうか。

弱冠21歳、世間でいうと学生たちが就活を始める頃です。新社会人になる同級生よりも先んじて何倍も稼いで、達成感はあるものの、どこか満たされない気持ちもありました。

▼個人事業主の限界

しょせんは遊び仲間だった

コンサートへの人材派遣は基本1〜2日間の日雇い労働がメインです。短期間ゆえに人集めには瞬発力が必要でしたが、急な依頼であっても断らずに人を集めコツコツと実績を積むことで、信頼されるようになると、これまでとは仕事内容が異なる依頼がくるようになりました。

「引っ越しや倉庫内作業の人材は集められますか？」

「できますよ。具体的な仕事内容や勤務地をＦＡＸでいただけませんか？」

僕らへの信頼度は絶大でした。担当者は利幅が大きな仕事もくれるようになっていました。引っ越しと倉庫内作業でした。短期より、中長期の案件の方が安定した収入が生まれるので経営的にも助かります。

ところがいざ人材を揃えて始めると、これまでの短期の派遣業務と違い、たびたびトラブルが出始めたのです。

「Ｋさん、勤務時刻になってもまだ来てません。1時間も遅刻で、こちらが電話しても出ないんですよね〜。困るんですが」

「そうですか。すみません。私の方から連絡を取って折り返しいたします」

僕が慌てて電話しても確かにケータイの着信音は鳴るには鳴ります。ところが何度コールが鳴り続けても、一向に電話に出る様子がありません。万が一、病気や事故にでも遭っていたら…。このKを仲介した幹部を通じて、本人と連絡を取らせてみたところ、やはり「電話に出ない」と言います。原因がはっきりしない以上、こちらも心配になります。Kの自宅近くに住んでいる知人をK宅に向かわせて急いで確認させたところ、なんとKは在宅中だったと判明。カノジョと一緒でした。完全なバックレです。

「昨夜、飲みすぎてしんどいんですよ。電話で伝えるのも面倒なんで無視しました」

電話に出なかった理由は、「怒られるのが嫌」とのこと。倉庫内作業は言ってみれば雇用主からすれば契約社員。週休二日で、それ以外はすべて出勤するという勤務形態です。短期の案件ではあまり表面化しなくても、中長期の案件になると途端にズル休みが発覚する確率が高くなるのです。この頃から派遣予定の人員が突発的に「飛んでしまう」ケースが増えてきたのです。

ひどいケースになると、夜10時に倉庫内作業が始まって、11時30分には「姿が見えない」と会社から連絡が入ります。調べてみると、脱走して逃亡。脱走した理由にもアゼンとします。

「しんどいから帰った」

社会人としての一般常識がまったく通用しないのです。問題はなぜ簡単に休んだり、飛んでしまったりするのか。教育が問題なのか、そもそも人材に問題があるのか。

熟考してたどり着いた答えは、所詮、遊び仲間に発注した仕事だったからです。彼らは元を正せば遊び仲間。最優先すべき価値観は、一番が遊びたい。仕事は二の次です。1日2日の短期ならまだしも、働く意欲がない人に仕事を押しつけても絶対に成立しないのです。

自分が直接手配をしていないというのもマイナスに働きました。幹部が「大丈夫です」と報告。そのまま幹部を信用して派遣させても、実際には管理しきれず派遣スタッフが現場に来ないケースが続出しました。パーティーに人を集めるような遊び感覚の延長で仲介を引き受けているのも問題でした。

結局、人材派遣をビジネスとしてとらえていたのは自分のみ。つまり「裸の王様」だったのです。

「こちらも連絡がつきません」

「また飛んでしまいました」

こんな返答ばかりをする僕の信用もガタ落ちです。取引相手に示しのつかない返答をするのなら、自分で尻拭いするしかありません。派遣が飛んだ現場に僕が代理出勤してカバーしてみたり、代理の人材が見つかれば担当者に頭を下げるため、謝罪にも出向きました。企業で働けるだけのスキルがある人材を確保して、その上で勤怠管理もしないと、中長期の人材派遣は通用しないことを痛感しました。

たび重なるトラブルで僕の周りから遊び仲間も離れていきました。

その代償も大きく、信用という高い授業料を払わされました。それ以降、周りの人脈に頼らず、求人情報誌に広告を打って本当に働きたい人にアプローチする方針へとシフトしました。

貯蓄が苦境を救った

パチンコをしてムダな散財をすることもありましたが、貯金が改めて大切だと思ったのは、自分のツテだけを頼った人材確保をやめた後からです。求人広告を出稿するのもしかり、貯蓄はすべて事業資金に化けました。

短期派遣がメインだった時は日払いや週払いで資金操りに苦労したことはありませんでした。ところが中長期の派遣となると、企業から振り込まれるよりも先に自分で給料を立て替えて支払わないといけません。そこで個人事業主から法人に変更。株式会社を立ち上げて、来たるべき支払いに備えることにしました。

ここで気づかされたのが貯蓄の必要性です。会社の設立となれば事務所を構えなくてはいけません。初期費用もそれなりにかかります。

すべて自分の思い通りになる。

それは遊び仲間だったからであり、ビジネスのパートナーとしては無理があったのです。幹部を含めた仲間たちも僕のカリスマ性なのか、怖くて言うことを聞いてくれたのか、今となっては相手の真意はわかりませんが、さまざまな課題が浮き彫りになって、ようやく軌道修正を図ったのです。

仲間たちのように、「その日楽しければそれでよし」の人生を送っていたら、おそらく貯蓄もなく、給料の立て替えも無理でした。

これから事業を始める人にアドバイスするとすれば、貯蓄があればあったに越したことはありません。起業時から借金して事業を立ち上げるのは、いざ資金が必要という時に対処ができないのですから。浪費癖がある人は経営者には向いていません。

CHAPTER 4

エースタイル創業

▼「いっぺん人に雇われてごらん」

弁護士から「雇われた時の感覚を持ちなさい」

高校卒業からの3年間はよくも悪くも素人がビジネスごっこをしていただけかもしれません。人材派遣ビジネスで学んだビジネスを大きくするには優秀な人材を確保して長期にわたって働いてもらうことが大切だとわかりました。

僕の経営者としての野心に火がつきました。求人広告から新たな人材を集めつつ、法人化に向けて動き始めていました。ある時、なじみの弁護士に、株式会社設立について相談をしていると、思わぬアドバイスに僕の心が揺れました。

「人材派遣をするとおっしゃってましたね。ならば、人材派遣法に則って、派遣免許と言われる派遣元責任者の資格が必要となります。こちらは丸1日受講すれば取得できる資格なので大した問題はありませんが、労働者派遣事業許可の取得が難関です。許可を得るには、いくつかの要件をクリアしないといけません。基準資産額は2000万円以上。その資産のうち、1500万円は現金でなければいけません。約20平米以上の広さがある事務所も必要で、厚生労働省管轄なので事務所は風俗街に持ってはいけません。現在の資産状況を踏まえると、個人事業主よりは法人を設立した方が開業許可までのハードルが低いように思えます。法人を設立した方が社会的な信用は得られますし、株式会社にすべきではないでしょうか」

区分される有料職業紹介の開業についてもテキパキと話を進めます。いくつかの難しい要件について頭を悩ませていると、弁護士の先生は私に対してこんなことを言い始めました。

「谷本さんはご自身では気づいていない欠点がありますよ」

「欠点ですか？」

「そうです。欠点です」

「年齢が若いとか？」

「年齢ではありません。会社に一度も勤めた経験がないことです。人材派遣をするのに雇われた経験がないと、雇われた時の感覚がわからないと思いますよ」

さらに、こうも続けます。

「株式会社設立は別に今日じゃなくても、1年後だろうが2年後だろうが、いけますよね」

至極ごもっともな指摘に、すっと肚落ちしました。僕はイベントの主催者としてスタートしてから、もっぱら人に指図をするばかりで、雇われた者の気持ちはわかりません。さらに言えば、経営者として一回り大きくなるには、厳しい環境に身を置き、雇われる側の苦悩を学ぶのも一つの手かもしれません。僕は即答しました。

「イベントはこれまで通り続けたいと思ってます。それでもいいという会社をどこか紹介していただけませんか?」

この先生は、主に破産管財人を引き受ける不動産業界では、有名な弁護士でした。すぐにある不動産会社の名前を挙げてアポをとり始めました。すると開口一番、

「来週の月曜日から出勤。朝9時に始業です」

面接すらなく、電話一本での即決でした。不動産会社からすると立派な弁護士先

生をないがしろにできず、相談には「はい」と言うほかなかったようです。こうして思いもよらず、人生初のサラリーマン生活が始まったのでした。

破産管財物件を担当

初出勤で現れたのはイメージ以上に豪快な社長でした。笑顔で迎えられるものと思っていると、ガツンと先制パンチを喰らったのです。

「それがカッコええと思っててんのか？　男は七三やろ」

七三とは昭和に流行した髪の毛の分け方。茶色に染めた髪の毛の色も「カッコええのか？」と注意を受けたほどでした。思わず、高校時代に対決した英語教師とイメージがダブります。厳しい社長なのは一目瞭然でした。

この不動産会社は、管財物件を専門として扱っていました。管財物件とは、所有者が破産宣告をした場合、裁判所から選任を受けた管財人が実質の売主になる物件を指します。管財人の大半は弁護士が選任されます。本来ならば事業に失敗、破産した債務者は多額の借金を債権者に返済するため、不動産を切り売りしなければならないのですが、その債務者の代わりを管財人が売主として実行するのです。

難しいのは管財物件の売買価格のうち、債権者にいくら渡すかという分配です。債権は大半が焦げついた状況で、債権者が納得する金額を渡すことが非常に困難なケースがほとんどでした。

管財物件担当の営業マンとなって、いざ債務者である旧売主の自宅を訪問すると驚きの連続です。破産した人は、これまで出会った経験もない、大金持ちばかりだったのです。

ジャグジーやサウナといったスパ施設がフル装備の豪邸は当たり前。大きなプール付きのお屋敷も珍しくありません。ある時には家の中にすべり台がある大豪邸もありました。元売主の大半は、中小企業の経営者で年商100億円という社長もいました。

職業も多種多様です。不動産業や建築業、清掃業から、中には家庭教師派遣ビジネスの成功者もいました。全員が何らかの理由で事業が失敗し、自宅を売却しても返済できない多額の債務を抱えて破産に至った人たちです。

ここで初めて気づいたのですが、サラリーマンとして働きだした僕は社会人が身につけておくべきマナーをまったく知りませんでした。世間知らずな非常識な行動によって、自分自身の未熟さも痛感させられる羽目になったんです。

中でも決定的だったことは、目上に対する尊敬語が使えなかったこと。年上だろうが何だろうが語尾が「～っすよ」と、まるで地元の先輩にでも話すかのようなタメ口で会話をしていたことを指摘されてわかりました。恥ずかしながら、当時の僕はこの話し方こそが正しいと信じ込んでいたのです。

随分と年輩の社長に対しても話し方は変えずお構いなし。それでも先方が怒らなかったのは、おそらく自分の破産で落胆していたからでしょう。「お先真っ暗」の心境で、茶髪の若造に何を言われようと反論すらできない心理状況だからこそ大きな問題にはなりませんでした。

ところがある日、恩人の弁護士さんに、会話がきっかけで頭に血が昇ってしまい、タメ口をきいてしまったんです。

「その言葉遣い、目上の人に失礼でしょう。学生感覚で働かれても困りますよ」

「えっ、何なん、お前」

「お前!? 誰がお前って。何なんだよ、お前って。誰に向かって言ってんだよ。いいかげん社会人らしい言葉遣いを覚えなさいよ」

僕はこれまで世間の常識を知らなさすぎました。もし弁護士の先生のアドバイスに従わず、雇用主として会社を設立していたら…と思うとゾッとしました。尊敬語すら話せない社長だとしたら。取引先としてふさわしくない会社と思われたに違いありません。サラリーマンとなって初めてわかった実社会の現実。言葉の遣い方一つでこれまでの信用を一気に失ってしまう怖さを思い知らされたのです。でもそれ以上に、この会社での経験が僕の経営者人生のベースとなったのです。

年商100億円の社長が四畳一間の生活

破産した社長の年齢は実にさまざま。比較的、規模の大きい会社の社長が多かったので、40代後半から60代が中心でした。僕は当時まだ21歳。父親と息子ぐらいの年齢差だっただけに、ここだけの裏話を教えてくれました。

「俺な、3年前まではよかったんやで。景気よかった頃はな、社員連れて北新地で一晩1000万円使ったわ」

「羽ぶりがよかったんですね」

「あの金どこ行ったんや、ホンマに。この家も3軒目やった。稼いだ分だけ、家をどんどん新しくして。ようやく豪邸を建てたのに破産したら意味ないわな」

「どうやったらこんな家、建てられるんですか。社長、すごかったんですね。こんな大きい家、見たこともないですよ」

「でもな、金もなくなって家族も失って、周りの友達と思ってたやつも全員が俺の前から消えた。誰も助けてくれへん…」

多くの社長にとって最後に残されたのは、「過去の栄光」というささやかな思い出だけでした。

破産した社長には共通点がありました。みんな家族に捨てられて、ひとりぼっち。社長だけが自宅に残って借金の整理をする。限界までお金を借りているので取り立ては銀行だけでなく、街金や違法な高利貸しから追い込みがかかっていました。借金が焦げつき、僕のような20代の若造に「オラオラ」と自宅を追われて幕を引く。まだ反社会的組織が跋扈していた時代、ジャンジャン催促の電話が鳴っている状況でした。

持ち家の豪邸から退去させた破産者に、次の住まいを手配するのも僕の役目でした。用意する部屋はボロボロアパートの４畳一間です。この世の中にこんなみすぼらしい部屋が存在するのかと、初めて知ったのもこの仕事を経験したからこそでしょう。

何度見ても切なくなる場面があります。破産人の引っ越し代を捻出するため、管財人の弁護士が何とか浮かせた10万円をこそっと手渡す瞬間です。札束を握り締めた破産人は、例外なく必ず泣き崩れるのです。

年商１００億円以上だった会社の社長でさえも、10万円を両手でつかんで頭を下げて何度も何度も感謝を伝えるのでした。

この場面に立ち会うたびに自分なりに感じたことがありました。上がっていく時よりも、落ちていく方が怖い。

語弊があるかもしれませんが、やはり破産した社長はすごく惨めでした。破産すれば何もかも失います。惨めな人たちを、この目でたくさん見てきたから、「あんなふうに自分はなってはいけない」と、戒めています。

▼債権に5万円を提示「お前、殺すぞ」

管財物件の不動産を売る

実務として最も苦労した仕事は「抵当権抹消」のプロセスです。登記簿謄本でも目にする抵当権とは、お金を借りる時に土地や建物を担保に、銀行などの金融機関が設定する権利で、返済できなければ差し押さえられてしまいます。

債務者にとって恐ろしいのは、銀行よりも街金と呼ばれる中小の消費者金融や商工ローンです。その当時、両者は厳しい取り立てで知られており、ちょうど商工ローンの「日栄」や「商工ファンド」が社会問題化した直後でした。この恐ろしい取り立てに頭を悩ませ、多くの社長は判断力を失って、さらなる高金利の借金を繰り返します。

それが登記簿には記載されない債権。いわゆる闇金です。不動産業者に勤め始めて数年後には「０９０金融」で自殺者まで出て、こちらも大きな社会問題となっていました。

そもそも違法金融ですので、街金や商工ローンよりも取り立てはえげつないことこの上なし。バックが暴力団だというケースも耳にしました。かつての大阪では、暴力団の組事務所が日本橋に集中。日本橋だけで何十カ所もあると言われていた時代でした。

その中で私の主だった仕事の一つに元所有者の社長へのヒアリングがあります。「どこでどれだけ、借り入れがあるのか」を直接本人に問いただします。思いあたる債権をすべて炙り出して最後は債権をゼロにするのが私の役割です。

「大阪の日本橋にあるXという闇金に100万円借りてます」

法律上の観点でいえば違法金融なので、闇金業者の事務所に「放棄を通達する」というのが裁判所の見解です。でも、相手が相手です。簡単には納得しません。先方にはあくまで理解を求める立場で話し合いをするため、必ず闇金の事務所まで出向いていました。

「すいません。元所有者のIさんの管財物件で伺いました」

事務所は怪しげなテナントが入る古いビルの4階です。ドアを開けて中をのぞくと「いかにも」という人たちが目配せします。ここでひるんでは話はまとまりません。お呼びではない。そんな雰囲気が全身から漂った人たちが、部屋にはざっと10数名がいました。

「こっち来て」

奥に通されると、獣の剝製が飾ってある実に「品のいい」応接室でした。

「兄ちゃん、エライええ度胸しとるのう」

40歳過ぎの髭を蓄えた、ダボダボスーツの男性がこう言います。その横には数人の若い人たちが睨みを利かせて、唐突に口を挟んでくるのです。

「自分なに？　何しに来たん？」

「申し訳ないんですが、こちらの債権を放棄してほしいんです。この書類にハンコを押してください」

「はぁー？　お前、殺すぞ」

「殺されたら困るので、この書類…」

1人が声を上げると2人、3人と罵声を浴びせて威嚇します。もはや脅しでした。

「お前が代わりに払えや！」

「ワシらのな、債権は3000万円なんじゃや。はした金で交渉できると思っとんのか、ワレは？」

「おどれ、ホンマ殺すど」

実際の借金の元本は、せいぜい100万円から多くても500万円。それが年利40％や50％という法外な金利で雪だるま式に膨れ上がり、莫大な借金額になっているのです。でもそれは、あくまでも闇金の言い分。管財人は借金を肩代わりする必要がないので、僕にできることは誠実に説明するだけでした。

「私たちも裁判所からの通達で、きちんと登記がされている債権者の方には破産人の財産から売れた金額から配当で返しなさいと言われているんです。そもそも登記すらされてない債権は、何も渡せないんです。それが裁判所の見解なんです。ただし、それが普通なんですけども今回ばかりは、理由をきちんと聞いていただけているので、判の捺し代金で5万円を支払います」

「はぁ？　5万やと。ふざけとんのか、ワレ！　しまいにはさらうぞ」

すべてがすべて判捺し代で解決できるわけではありません。時には助けを呼ぶ場面もありました。

「さらわれたら困るんで、うちの社長呼びます」

社長の説得でも解決できず、驚くようなイチャモンをつける債権者には、弁護士に連絡したケースもあります。修羅場の連続です。とはいえ、何度も経験すると不思議に動じないようになって、「殺す」と言われても結局、殴られた経験もありませんし、「さらう」と脅されても監禁された事実は一度もありません。

　この債権放棄は、すべては慣れと度胸が肝心。場数を踏んで闇金業者側と関係を築くことが重要でした。というのも、債務者の多くは同じ穴のムジナで、同じ闇金からつまんで借金をするケースが多いからです。同じ闇金業者を何度も訪ねるうちに顔なじみになり、

「またお前か！」

「すいません、また今回も…」

　こうなると、親しげに迎えてくれる場合もあります。管財人には何を言ってもラチがあかないとわかっているので、闇金業者も諦めて提示した金額の上積みすら言いません。

　仕事にも慣れてくると、ある時から初対面の債権者に対してはこんな説明をするようになりました。

「僕に、何を言っても小間使いみたいなもんですからね。何を言ったところで僕に決定権はないんですよ。僕を罵倒してもらっても全然構わないし、言いたいことは

言ってください。でも、弁護士は恨みを買ったらあかんので、うまいこととしてくれるんでしたら、10万で債権放棄をさせてほしいんです。僕を殺してもさらっても意味がないですよ」

淡々と相手に伝えると、コワモテの闇金業者もこれ以上は何をしても意味がないと理解するのです。騒ごうが何をしようが、向こうが無理だと理解させるまでは大変です。特に初対面の債権者は、直接的な暴力はなくとも威嚇がひどい場合もあります。テーブルの上を思いっきり蹴ったり、灰皿を顔の横に目がけて投げつけたり、ひるませて交渉を有利にしたいと考えるのでしょう。

でも、経験を積むとそういった脅しも効果は一切なし。顔色一つ変えずに淡々と説明するのみです。「無」になればいいんです。実は、これが一番効果的でした。

相手が何をしようが決定事項です。実際、私が脅されても担当する弁護士は、金額アップの要求には応じません。僕の社長は海千山千の人物なので、気分次第で金額を少し釣り上げて、債権者と情報を共有する場合もありましたが、それも将来を見据えての行動です。

「Tって知ってるか？　もうすぐアイツ、飛ぶで」
闇金側からそんな情報を得て、次に生かす。まさに魑魅魍魎の世界だったのです。

他人の失敗を見て気づいたこと

不動産会社では2年ほど働いて、対面した経営者は300人近くに上りました。成功から一転、転落した経営者をたくさん見てきました。この経験は僕にとっては、かけがえのないもので、成功する方法はわからなくても、失敗する方法というケーススタディをリアルに学んだようなものでした。

後に自分が経営者となって歩み始めた時、必ず壁が立ちはだかりました。そんな場合には、管財不動産の営業マンをしていた過去を思い出します。

確か、破産したRさんはこっちに行って失敗しているから、こうはしないでおこう。

幸いにして、大きな失敗もせずに、何とか経営の道を歩んでこられたのは、営業マン時代に出会った社長たちの過去の経験および失敗を反面教師にしたからです。順風満帆だった会社がなぜ傾いて、倒産や売却せざるを得ない状況になったのか。

僕は、倒産する会社には、ある共通の「法則」があることを発見しました。それは経営者の堕落です。会社を破産させた社長は、家族を大切にせず、「何のために事業をしているのか」という企業理念についてないがしろにした結果でした。破産した社長の99％は「自己本位」で事業をする経営者ばかりでした。

頑張るのは自分のためであり、会社や従業員、家族のためでもない。失敗した経営者は何よりも「自分のプライド」を大切にしていました。

自分を大きく見せるために夜の店に行って豪遊して、羽ぶりのよさを人に見せつける。社長が仕事そっちのけで毎晩のように飲み歩いていて、果たして従業員はどう受け取るでしょう。

「社長だけ、ええ思いをして何なん、この会社」

大阪の経済は、バブル崩壊以降、長い不景気のトンネルを経験してきました。給料も上がらず、従業員の不満もたまります。仕事の生産性も必ず落ちますし、社長の家族もそのうち呆れ果てるでしょう。

「あんなやつ、もう知らんわ」

「お金入れてくれるだけでもうええわ」

家族から一線を引かれた男はもろいもんです。孤独感をまぎらわせるために、余計に外で発散。さらに社内でも孤立して、社員からは都合の悪い報告が上がってこない。これでは経営上の正常な判断ができなくなります。まさに負のスパイラルです。

自己本位で周りの声に耳を貸さない経営者は、物事を客観視できずにすべて主観で考えます。経営者にとって「独断と偏見」は諸刃の剣です。主観だけで判断すると、間違いに気づいても周囲は誰も指摘してくれません。

エースタイルの場合は、常務取締役であり僕の妻でもある、えり香のアドバイスに全幅の信頼を置いています。経営に限らず家族の決めゴトでも、２人の意見が一致して初めてスタートします。イエスマンを周りで固めて、悪いことほど指摘する人がいなければ、あっという間に会社は潰れてしまうのです。その点、妻は辛口です(笑)。だからこそ僕にとっては信頼できるパートナーなのです。

金の切れ目が縁の切れ目。破産した社長の家族は窮地の亭主を助けもせずに、とっとと泥舟から逃げていきます。それもこれも社長の不徳が招いた結果ですから致し方ないのです。

僕が担当した破産社長300人のうち、家族が残ったのはたった1組だけでした。この数字がすべてを物語っていると思います。

▼パートナーとの出会い

妻とは友人から恋人に

ここまで読んできた読者ならおわかりだと思いますが、僕にとって「人生の転機」はすべて人との出会いにほかなりません。中でも24歳の時に一人の女性と出会ったことが僕の人生の分岐点となりました。その女性が、この本で何度も登場してきた妻のえり香です。当時、僕は管財物件の不動産会社も退職。カラオケ店と居酒屋のビラ配りで生計を立てていた時代でした。梅田の商店街がある東通りで毎日のように顔を合わせる女性が、えり香でした。

高校を出て、まだ初々しさが残る18歳。それこそ頻繁に東通りを行き来するので商店街の同じ場所で立つ自分とは、自然と挨拶を交わす仲となったのです。

しかも毎日、2度も3度も顔を合わせるのです。多い時は4回も顔を合わせるのですから、運命の出会いかなと思っても不思議ではないでしょう(笑)。でも実際には、えり香はバイトを2カ所掛け持ちしていて頻繁に東通りを行き来していたのです。彼女は昔から働き者で、朝6時から昼12時近くまでカラオケ店のスタッフとして働き、それを終えると今度は自転車に乗って颯爽と移動。昼12時には梅田の「がんこ寿司」のランチ営業のホール勤務です。午後3時になると、いったん休憩を挟んで、夕方の5時には再び夜営業の居酒屋で深夜11時までガッツリ働いていました。まさに身を粉にして働いている姿を間近で見ていたのです。

すると僕の中で素朴な疑問が浮かんできました。

なぜこんな若い子が、そこまで頑張って働くのか。

やがて、えり香と親しくなると、率直に質問をぶつけました。

「何でそんなにバイトを頑張ってんの？」

「東京に歌のレッスン行くのに交通費も必要やし、レッスン代とかも払わないとあかんから。お金を貯めないと」

「歌のレッスン？　東京じゃないとあかんの？」

「すごい先生が東京におって、それで東京に行かんとレッスンを受けられへんから。将来、歌手になりたい夢があるから」

「若いのにスゲーな。頑張れよ」

純真で無垢、それでいて一つの夢に向かって突き進むえり香の姿を見て感心した覚えがあります。

実はこの時、えり香にも僕にも恋人と言うべき存在がいました。恋愛感情に発展するのはまだ先の話。この頃の2人は、気が向くと夜中に電話をかけ合って、お互いの恋愛や仕事の相談をするような友人関係でした。経営者を目指していた僕は、悩みや夢を語り合っていると何度となく、

「将来、ビッグになんねん！」

と何の根拠もなく、大口を叩いていた記憶も今ではいい思い出です。

その日は、突然訪れます。えり香が「彼氏と別れた」と告白すると、その直後に僕も彼女との関係がフェードアウトする時期がやって来たのです。正式に「付き合おう」となった記念日は今でも覚えています。

03年の7月24日のことでした。えり香と知り合ってわずか2カ月後のことです。

合コンイベントで稼いでパチスロで散財

高校を卒業後、社会に出て6年が経過したこの当時、今考えても最も自堕落な生活を送っていた時期でした。

主な仕事はビラ配りの他に、「合コンイベント」を定期的に主催していました。現在のようにマッチングアプリや相席居酒屋すらない時代です。異性と知り合うには出会い系サイトがありましたが、本命の恋人を探すには不向きです。

そこで合コンをセッティングしてくれるイベントや、常連客同士の合コンをサポートする居酒屋が持てはやされ、そのブームに自分たちもうまい具合に便乗したのです。イベントのノウハウは簡単です。キレイな女の子を集めさえすれば男性の参加者は自然と集まります。イベントを主催していた我々からすれば実に楽な儲け話でした。

「あのグループが主催する合コン、いつ行ってもレベル高いよな」

そんな噂が立てば勝ったも同然。女の子の人数を増やせば増やすだけ、同じように男性の定員枠もすぐに満員となって、最低でも100対100規模の合コンを何度も開催できたのです。

何よりも幹部らも、こうした遊びのノリで女の子を集めるのは得意中の得意。派遣業の人材確保と違って「簡単です」とみんなが口を揃えます。

しかも、合コンを1回主催すると最低でも何十万円という利益を生みます。これほど割のいい仕事はなかなかありません。

でも、簡単に儲けられる反面、勤労意欲が減退します。僕は派遣ビジネスで遊び最優先のだらしない仲間の姿に幻滅していました。ところが「ミイラ獲りがミイラ」になって、自分史上最低の自堕落生活はこうして始まったのです。

僕の金銭感覚が狂ったのは、この時だけでしたが、今振り返っても正気の沙汰じゃない「暗黒時代」でした。そもそも合コンイベントで稼いだお金をあぶく銭のように受け止めたのが間違いの始まり。そのお金はギャンブルや飲食などの交遊費などにすべて消えたのです。

パチンコやスロットにハマり出したのもちょうどこの頃です。パチスロにどっぷり浸かると金銭感覚が麻痺して、次第に負けた金額に対する執着まで薄れてきます。特にあぶく銭のようなお金でパチンコをすると、負けたショックに怒りを覚えていたのは最初のうちだけ。

1日に10万円も負けても何の感情も湧かず、何事もなかったように生活をする

「負け犬」の自分がいました。さらに間が悪いことに、周りの幹部たちも僕の堕落生活に感化されて、朝からパチンコ店にみんなで並んで台確保。いわゆるオープン待ちをし始めます。

金も時間もある。自宅に一人でいられない寂しい男たちが集まって、何かオモロイことを探す。それがパチスロであり、クラブに行ってのナンパで、僕らの10代の頃のパーティーの延長線上でした。女の子にお酒を奢って、その後のホテルだってもちろん自腹です。

財布に入っているお金を使い果たしてもまた稼げばいい。

こうした遊びを続けるため、また合コンイベントを主催してお金を稼ぐ。さながら永遠に続くスパイラル――。

えり香と知り合った当時は、まさにそんな自堕落な生活の真っ只中でした。

200人対200人の合コン

ファッションショーやヘアカットショーなどのイベントに比べても合コンイベントの集客は実に簡単でした。

イベントが成功するかどうかは、後にも先にも女性の集客のみ。女性の参加料を安く設定し、男性にはより強気の設定。人数も男性200人&女性200人と、梅田の合コンイベントでは最大規模にまで成長しました。

参加料1万円はかなり高額で、後に医師や弁護士のみに参加資格が与えられるハイソな合コンイベントと同レベルの強気の価格設定でした。でも、それが逆にクオリティの高さを裏付けるイメージとして定着し、男性参加者の集客につながっていきました。客商売のビジネスにおいて価格設定は重要です。強気な料金設定は大正解でした。

「参加してる女の子、いつもレベルが高いよね」

「前のイベントで知り合った女の子と今でも連絡取ってるよ」

参加した男性からも実に好評で「1万円の価値がある」と、ご満悦の様子です。合コンイベントの重要なファクターとして男性が女性に求める要望の多くは「ルックス」。女性は「お金」でした。男性参加料1万円とした理由は、経済的に余裕がない男性は参加していないという女性参加者へのアピールも配慮した価格設定でした。元々はイベントで1万人規模の人脈を動かしていたメンバーです。参加男性が期待する女性のルックス面をクリアするのも、当時の我々にとってはイージーでした。

一度の開催で売り上げにして250万〜300万円前後。諸経費を除いても利益は売り上げの半分程度残ります。文字通り「あぶく銭」でした。究極のムダづかいに走った原因は今でこそ冷静に振り返れるものの、当時の僕は、今でいうパリピのライフスタイルを謳歌していました。今だけがよければいい。若者なら誰もが通る「通過儀礼」だったのかもしれません。

▼「ムダな時間は過ごせない」

会社経営なんてできるわけないやん

えり香と付き合い始めると、すぐに同棲もスタートさせました。生活はイケイケ。仕事もプライベートも順調だと僕だけが勘違いしていました。

「怒らんと聞いてほしいんやけど…。別れたいと思ってる」

いきなり冷や水を浴びせられました。同棲してたった数カ月。何の前触れもなしに別れを告げられたのです。

イベント業のトップという肩書きもあって、これまで女性をフルことはあってもフラれた記憶はありません。正直なところ、女性に不自由した経験すらなかった。それが、えり香には簡単に別れを切り出され、恋人関係にピリオドを打ちたいとハッキリ告げられるのでした。

「私は一人娘だから、ちゃんとした人と結婚して、親を安心させてあげたい。キツイ言い方かもしれんけど、今のあなたを見ていると、将来、どんな家庭になるかも思い浮かばへん。結婚のイメージも湧かない。結婚を考えられない人と付き合っているのは、お互いにとってもいいとは思えへんし、ムダな時間を過ごしたくない」

「数カ月しか付き合ってないのに、何がわかるんや」

「わかるよ。いつも大きいこと言ってるけど、地に足をつけてない言葉ばっかやん。口では会社経営、会社経営とか言うけど、それに向かって準備してることって何？　今のままやと無理やと思うで」

フラれた挙句、自分が目を背けてきた触れてほしくないセンシティブな部分をナイフで抉られたような感覚。痛みというよりも急所を攻撃され息が詰まるような不快感が込み上げてきました。それも彼女とはいえ、自分よりも随分年下の女の子です。頭にカッと血が昇って言い返したものの、さらに追い討ちのようにこう言い放つのでした。

「世の中、そんなに甘くないよ。そんなんで会社経営なんてできるわけないやん！」

さんざんな言いようで腹も立ちましたが、どこか全否定できない自分もいました。自堕落な生活を送って、経営者も目指さず、現実逃避していた部分もあったのです。夢を語っても会社設立の準備すらせずに、空いた時間は仲間とパチスロ三昧。わかっちゃいるけど楽な方、楽な方へと流されていました。

でも、この別れが、自分の〝甘え〟を払拭する大きなきっかけになるのでした。

人材派遣の立ち上げを依頼されて2度目の就職

このままではダメだ。僕は一念発起します。06年2月頃のことです。物流業界の会社に、人生2度目の就職をしたのです。

就職先は、東京に本社がある某物流企業の西日本支部でした。

徐々に疎遠となっていたイベント業の幹部たちとも再びつるみ始めて、人材派遣の仕事を再び始めました。

倉庫内の軽作業を得意とするB社と業務委託契約を交わして、手配業務を一手に引き受けたのです。B社の得意先は大阪・京橋にあった某運輸会社のC社。大手製紙会社の発注を受けて紙などを配送する会社で、倉庫内作業の人材をB社に依頼。そのB社から依頼を受けた私がC社にスタッフを派遣していました。

ところがある日、派遣スタッフの一人が連絡を絶って、その日を境に来なくなってしまいます。過去の経験から作業スタッフが「飛ぶ」のは想定内の範ちゅう。幹部に連絡して、スタッフの補充をお願いしたところ、あいにく誰もその日は「代わりがいない」との返答です。仕方なく、僕が代役を務めて、無難に1日を終えた時でした。

驚いたのはリフトに乗った社員さんたちになぜか気に入られて、「兄ちゃん、よく働くし、ええなー」とすごく可愛がってくれたのです。

倉庫内作業は主に、荷詰めされた商品をコンベアに載せる単純作業ですから誰が派遣されても大差はないはず。ところが後に、新しいスタッフを送っても、「やっぱあの子、アカンわ。自分が来てや」とラブコールされる始末。

僕自身は、えり香との別れで仕事への取り組み方を変えました。人材派遣手配の仕事も以前のように電話を数本かけたら終わりにはせず、取引先の人たちと関係性を築いて、派遣スタッフへのフォローを毎日欠かさずするようにしていました。でも、こうして信用や信頼を築いたとしても、やはり飛ぶ子は飛びます。求人広告で応募してきた派遣スタッフでもいなくなる確率こそ減りますが、まったくゼロにはなりません。最後はその人の心がけ次第です。特に若者は移り気です。

「谷本さんに言われて長く続けたいと思いました。もっと頑張らないといけないです」

何度も話していると、投げかける言葉が心に響いたのか。普段見せない感情を出す子も中にはいます。ところが翌日になると、会社を無断欠勤。昨日の会話は何だったのでしょう。電話も出ずにバックれて、関係性が終わった子も1人や2人ではありません。そこで僕は気持ちをこう切り替えたのです。

そもそも人間の本質なんて出会って数カ月でわかるはずがない。飛ぶ時は飛ぶ。どんな事態でも対応できる体制を作る方が大切。

こうなると一度決めたら、あとはもう腹をくるしかありません。手配業と倉庫内作業の二足の草鞋で、自分自身も倉庫内作業を常勤でする覚悟を決めたのでした。

　すると、捨てる神あれば拾う神あり。C社の1階で倉庫内作業を続けて、空いた時間に手配。それを見ていたC社の専務が、僕をいたく気に入り、「うちの会社で社員にならんか？」と声をかけてくれるのです。

　さらに、このビルの4階には運送会社のD社が入居。何人かの社員さんと顔を合わせているうちに、D社の部長までが僕を気に入ってくれて引き抜きを画策し始めるのでした。

「辞めてうちで働いたらどうや？」

「辞めるなんて無理ですよ」

「待遇もよくするし、条件は？」

　この時の僕は、まだまだイベント業やビラ配りの緩んだ夜ふかし生活が抜けきれていなかったので、早起きが大の苦手。そこで僕はこう切り出しました。

「遅刻してもお咎めなしにしてほしい」

　C社、D社ともにそう注文を出すほどでした。

「遅刻はあかん。時間通りに来てくれんと、他の社員に示しがつかん」

こう言ったのはC社の専務です。対してD社はそれすらも了承。さらに部長がこう続けるのです。

「物流の仕事は今後、ますます人材難になると思う。だから、ちょうど人材部門を立ち上げたかったところやねん。ノウハウがある谷本くんを雇用して人材部門を立ち上げてほしい」

自分自身がやりたい人材派遣業で、キチンとした会社の名刺を持参して本気で動くとどうなるのか。直感的に未来が開けるイメージが湧きました。

人材派遣部門の責任者として2度目の就職の幕がこうして開いたのです。

過酷な労働環境で遊ぶ時間すらない

運送業の経験がある人ならわかると思いますが、A4の用紙が束になると、これほど重い荷物はありません。一般企業が標準的に使用しているA4用紙は通常50

0枚入り。段ボール1ケースにつき、6個入りで、1ケースでも重量はそれなりにあります。

ところが運送料を下げるために、結束バンドで段ボール2つを十字掛けにすると、1ケース6個入り×2で運搬します。こうなると総重量は実に10数キロとなります。さらに輪をかけて重たいのがA3サイズ。A4の倍のサイズなので、単純計算で2倍の重さ。ものすごい重労働です。

僕は運送業と並行して、引っ越しや小麦粉の詰め替え作業、パチンコ店のホールスタッフなどの手配も始めていました。

D社では朝の遅刻は大目に見てもらっていたはずなのに、引っ越しのスタッフが飛んで朝っぱらから代役の僕が引っ越し作業員として現場に向かう場合もありました。中でも小麦粉の詰め替え作業が本当に大変で、海外から到着したコンテナからズタ袋に詰められた小麦粉を、いったん開封。別の袋に詰め替える作業は究極にツラい仕事でした。何がしんどいって、小麦粉を袋に詰め替える際に、小麦粉が舞って呼吸すら苦しくなること。倉庫内は安全帽が必須だったため、夏場だとハンパない汗が、噴き出ます。すると、空気中に舞った小麦粉が体にこびり付き、呼吸をすると口内どころかノドまでパサパサになり、肉体よりも精神的にキツい作業でした。

反対に楽だったのはパチンコ店のホールスタッフです。室内でエアコンも効いて、お客さんと会話しても怒られない。僕が受注した仕事の中でも天国でした。同じ派遣スタッフの仕事でも現場によって「天と地」ほどの差がありました。

D社に入社してからは、合コンやビラ配りで稼いでいた時とは、明らかに生活が一変しました。多忙すぎて遊ぶ時間どころか、金を浪費する時間すらないのです。

毎月の収入は使い切れずに貯まっていく一方。その軍資金を元手に求人広告を打つことで、有能な派遣スタッフを集めました。彼らのリクエストにこたえて、日払い週払いにも対応できるようになると、派遣の仕事はますます繁盛するようになりました。しかし僕の稼ぎは、スタッフの給料と求人広告に消えてしまいます。自転車操業で会社の運転資金を回していくと、再び信頼も戻ってきました。何よりもうれしかったのが、必死で働く僕の姿を見て、えり香がついに「よりを戻そう」と言ってくれたことです。

「よりを戻そうか?」で復縁

えり香にフラれてからというもの、僕の気持ちは絶対に、えり香を振り向かせようと意地になっていました。

メンツというよりも、フラれたという初めての経験をチャラにするためには、僕が彼女を振り向かせるほかありません。腹の底では「後悔しやがれ!」と性悪な根性をずっとひた隠しに、えり香とは友達関係を維持していたのです。

破局しても友達関係をキープできたのは、半同棲してすぐに飼った「トワ」というワンちゃんの存在があったからこそ。僕は仕事が多忙で、喫茶店のある実家で初めて母親と同居生活を始めました。実家では面倒を見られる人がいないので、いつか引き取るとの約束で、えり香にトワを預かってもらっていました。

「最近、トワどう?」

犬をきっかけにすれば、連絡する口実はいくらでもありました。お互いに近況の報告をし合える関係。やがてD社での派遣ビジネスが軌道に乗ると、いよいよその時が訪れたのです。

「より戻そうか？」

えり香の方から復縁を持ちかけてきました。待ち望んだ瞬間です。でも、とっさに出た言葉はまったく違いました。

「おかえり」

自分のプライドよりも、彼女の温もりに飢えていたのかもしれません。戻ってきたうれしさが上回ってちっぽけな自尊心は瞬時に消えていました。こうしてえり香とともに歩むことで、僕の経営者としての自覚が、さらに芽生え始めました。

▼サークルとの決別

古い友人との絶縁

2度目のえり香との付き合いは順調でした。すぐに同棲も再開しました。僕は引っ越し資金を稼ぐため、「合コンイベント」を主催します。男女ともに300人を集めた600人規模の巨大合コン。これを最後にイベント業から離れる決意をしていました。実は、彼女からたびたびこんなアドバイスを受けていたからです。

「真面目な家庭で育ったから、価値観がかなり違うと気づいた。結婚をすぐにでもしたいわけやないけど、自分の周りの友達を見ていると私も不安になる。子どもが生まれた時に悪影響になるんじゃないかと。私の周りには胡散臭い人がいないから……」

イベントを通じて知り合った仲間たちは、見る人が見れば少しヤンチャでした。同世代のサラリーマンと比べてもチャラくて喧嘩っ早い。それでいて金に対する執着心も強いタイプが集まっていました。

その日暮らしの生活も決して悪いとは思いませんが、えり香が「いつまで浮わついた生活をしているのか」と僕に将来を託せないというのは、理解できます。

「友達とつるむなら、会社起こしてもたぶん成功はしないと思う」

真面目な顔をしたえり香はそう告げるのでした。僕にとっては昨日まで友人だった仲間たちです。でも僕は即断即決です。

「さようなら」とは言い出せずに、自分の携帯電話の番号を一方的に変更して、過去の縁をすべて切ったのです。

ビジネスマンとして生まれ変わる代償は、仲間と呼ぶべき友人との絶縁でした。

▼大阪弁で「ええスタイル」

物流会社の派遣事業を率いて独立

僕はD社に入社する時に部長とある約束事を交わしていました。

「1年後には会社を設立するつもりです。1年契約となりますが、それでもよろしいですか？」

部長の返事は「Ｙｅｓ」でした。06年4月のことです。

新しく立ち上げた派遣事業は絶好調で人数が増えた分、自分の預貯金から支払う金額も次第に増えていき、ギリギリの状況で回している状態でした。

D社の売り上げ金は、いったん東京本社に送金されて、その後西日本支部に入金されます。ところが僕の口座に振り込まれるまでに結構なタイムラグがありました。それを承知の上で、派遣事業の立ち上げを承諾し社員になったものの、約9カ月が過ぎた頃、東京本社から西日本支部への送金がピタリと止まり、僕の収入までストップしてしまいました。

「期日までにお金が入金されてないんですが…」

西日本支部が東京本社に問いただすとアゼンとする事実が判明したのです。

「本社の方で元々予定されていた売り上げが飛んだ。もしかしたら倒産するかもしれない」

西日本支部は健全な経営を心がけ、赤字は一切出していない優良会社でした。本社の一方的な都合で、未払いをされては、自転車操業どころの話ではありません。

しかも、派遣スタッフの給料は僕が立て替えて支払い続けないといけない立場です。

とりあえず、資金繰りだけは何とかメドをつけないといけない状況でした。どうしても用立てができない分の給与は、周囲から借金をして支払いました。万が一、D社が倒産でもするとモロに被るのは自分自身。1年の期限付きの社員契約とはいえ、時間的な猶予はないと一大決心をして、「派遣事業を買い取る」と会社側に伝えたのです。

急転直下、誕生した「株式会社エースタイル」は翌07年2月13日に創業。代表取締役はえり香にお願いしました。D社が倒産した場合、債権者は会社から独立した社員の僕に、D社の計画倒産の疑惑を向けると思ったからです。管理物件をメインとした不動産業の営業マンをしていた時に、似たような状況で槍玉に挙げられた関係者を何度も目にしてきた経験から僕は先手を打ったのです。

常識的に考えれば単なる平社員が計画倒産を企てるとは考えられません。しかし金を回収しないといけない債権者の取り立ては、僕にも疑いを持たないとは言い切れません。金を回収できなくなった債権者の取り立ては、それほど執拗でした。そこで、自分の周辺を守るためにも身ぎれいにしておく必要があったのです。えり香にとっては、思いがけないオファーだったわけですが、僕とえり香を債権者の追及からかわすためには、最善ともいえる防衛策でした。

ちなみに「エースタイル」とは、「あなたにとっていいスタイル」を大阪弁に直した、「ええスタイル」から取ったネーミングです。私自身も「ええスタイル」になるために、過去の堕落した習慣や甘えた思考、さらに仲間を取捨選択。今よりも地に足をつけて、真っ当な会社に育てようという意志の表れでもありました。今でもこの社名は気に入っています。

野心の塊のような社員と会社の急成長

経営者にとって最大の喜びは、優秀な若手スタッフとの出会いです。おそらくどんな経営者もノドから手が出るほど、将来を嘱望される人材は欲しいはずです。

野心の塊。そんな社員と出会ったのは、創業間もない頃でした。

「いつか僕が経営します」

創業から間もない頃、飲み会の席で面と向かって、私に断言する社員が6人ほどいました。下は18歳から上は21歳。若いだけあってギラギラと光る、昔の自分を見ているようでした。

念願のオフィスもようやく構えて、働く環境を整え始めたのもちょうどこの頃です。派遣業界は取引先の支払いの遅れがちょくちょくありました。でも僕はいくら取引先の支払いが遅れたとしても、日払いや週払いも必ず対応しました。若手経営者にありがちな「自己本位」ではなく、社員こそが「会社の宝」。自分の財布は二の次にしていた姿を見て、創業メンバーはいつも僕を全力でバックアップしてくれました。

「谷本社長のために頑張ります」

そんなふうに言い切るほど、当時の会社はまるで「谷本教」でした。

その当時、倉庫内作業はしんどい割に時給も低く、平均で１５００円程度。よくても1600円がいっぱいいっぱいでした。肉体的にも精神的にも負担が大きい倉庫内作業よりも、もっといい仕事はないかと営業をかけている中で、ある通信会社と出会います。

いわゆる営業販売の仕事です。求人広告で募集をかけると多くの人が集まる人気ぶりです。営業社員になれば成果報酬も別途で用意されます。僕が「野心の塊」と呼んだ社員たちは、通信会社の仕事を請け負って集まってきた精鋭ばかりなのです。

倉庫内作業の月給が30万〜35万円の仕事だとすると、営業社員は月給が40万〜50万円と2割ほど高く会社の売り上げにも貢献。能力の高い社員には歩合給も比例して支払うことにしました。販売員の募集を求人広告に打つと、一攫千金を狙うような若い子たちには魅力的に響いたのでしょう。後の精鋭たちが続々と集まってきたのです。この頃から僕は、高い報酬を支払うことが人材ビジネスには不可欠であると考えるようになります。

人は、志が高ければ能力も高めやすいのです。成功への意欲が強い人は、やはり貪欲で打たれ強い。こうして私と似た性格の若者たちが、会社の屋台骨となってエースタイルの急成長へとつながっていくのでした。

▼創業当初は火の車だった

役員報酬は事実上のゼロ

創業当時から3年間、僕の役員報酬はほぼゼロ円でした。見通しの甘さというよりも、取引先のD社の倒産危機に巻き込まれないための急転直下の創業だったため、圧倒的に自己資金が足りませんでした。僕はあらゆる人たちを頼って資金繰りを支えてもらいました。

会社の創業時には980万円の資本金を入れて設立。僕の予想ではだいたい月の売り上げを500万円ぐらいと見込んでいました。ところが会社が動き出すと、早々に運転資金が足りないと気づかされます。会社にとって資金繰りは死活問題です。黒字倒産という言葉も皆さんご存じでしょう。会社が利益を出していても金庫に金がなければ、月々の取引先への支払いやオフィスの賃貸料、ましてや社員への給与の支払いもままなりません。これが、僕が経営者になって最初にぶち当たった壁でした。

そもそも仕事の発生ベースで必要なキャッシュフローを計算したのがすべての間違いでした。例えばクライアント（取引先）の提示した時給が1800円だったとすると、スタッフには1時間あたりに支払う時給を1200円で調整したとしましょう。差額の600円が会社にとっての利益になります。1カ月トータルで、1人につき10数万円の売上総利益となる計算でした。当然ながら人数を回した方が儲かるため、どんどんとスタッフを増やして受ける仕事の量を増やします。

ところがバランスシート上は問題がなくても資金繰りの面で見ると間違いでした。派遣ビジネスでは日払いや週払いに対応していかないといけません。クライアントからの支払いは、月末締めの翌々月の末日の入金。創業当初のクライアントは運送会社など、主に肉体系の現場で、支払いのサイクルが他業種に比べて遅い業界ばかりでした。実際、運転資金は支払い額の3カ月分近くが手元にないとショートする計算になります。

派遣業務を主とした僕の会社にとって増資こそが生命線でした。それに早々に気づいて周囲から金をかき集め3000万円に増資。途中でさらに増資を重ねて最終的に9000万円まで運転資金を増やして何とか難局を乗り切ったのです。

創業時には、業種にかかわらず資金繰りの問題が、必ずついて回ります。野心あふれる僕には資金繰りを心配するあまり、ブレーキをかけて仕事の量をコントロールするなんて発想は毛頭ありません。受注できるチャンスがあれば、人でも金でも足りなくても何とかする。そんな前のめり精神で、ここまで来ました。年商60億円になった今、僕の目の前で大きな仕事のオファーがあったら喜んで引き受けるでしょう。たとえ今の生活が貧しくなろうとも、やはり同じ行動を起こすでしょう。

派遣先の会社社長に貸した融資から軟禁状態

創業時の大変だった3年間を乗り越えて、順調に仕事の幅も広がりました。そうした中、メインの派遣先の一つに「ブイブイ言わしてるベンチャー企業」のK社長がいました。

「谷本さん、折り入って話があるけど、時間は大丈夫？」

「いいですよ。急にどうしたんですか？」

K社長と社長室で雑談中、唐突にこんなセリフでかまをかけるのです。

「ごめんやけど、今月資金繰りが大変で助けてくれへんかな」

「貸すのはいいですけど、会社大丈夫ですか？」

「取引先の一つが『期日までの支払いが難しい』と言い始めてて…。万が一、コケたら怖いから先に手を打っておきたいと思っての相談なんやけど」

K社長は豪快でキップがいいものの金には無頓着。どんぶり勘定なタイプでした。手元に用意できる金額があれば気前よく使ってしまうタイプでした。僕は取引先ということもあり1000万ほどを渡しました。するとK社長は約束通り、すぐに返済。ところがしばらくすると、今度は「1300万円貸して」という感じで次第に金額が増えていきました。

K社長の会社は派遣先でお得意様。毎月一定の売り上げもあります。例えば月の売り上げが700万円分だとすると、K社長は、そこに返済分の200万円を上乗せして、僕の会社には900万円支払います。200万円は借金の返済の一部というわけです。

最初は順調に返済してくれていたんですが、徐々に雲行きが怪しくなっていきました。最終的には毎月返済していた金額の全額を再度融資してほしいと申し出てきたのです。金額的には、3000万円ほどだったでしょうか。そこで僕は危険を察知してK社長の下で派遣社員として働いているスタッフに聞くと、「危ない匂いがします。社長も毎日イライラしてますし、資金が回っていないのでは?」と言います。

この時、真っ先に思い浮かんだのは管財物件で得ていた知恵でした。もし追加融資するならば法的にもガチガチに債権の担保を設定して取りっぱぐれがないように手続きしてからと判断したのです。

「社長、公正証書を書いてくれませんか？　じゃないと追加融資は無理ですよ」

融資の始まりは金銭消費貸借契約書という個人と法人だけの印を押すだけの融資でした。ただし、これでは借金が焦げついた時に、いきなり債権の回収をするわけにはいきません。そこで、いざという時の保険のために公正証書を交わして、裁判がなくとも財産などを全部差し押さえられるように手を打ちました。K社長を公証人役場に連れていき、公正証書を締結。いざとなったら差し押さえられる財産リストまで添付して、それから融資を承諾したのです。万全な態勢を整えてからお金を貸しました。

3カ月後、案の定、期日までの返済どころか我が社への売り上げの入金すらも滞りました。K社長からは説明もなければ連絡もなし。こうなると、本人に会って返済を直接申し出るしかありません。そこで180センチと恰幅のよい社員を2人連れて、K社長のもとに向かったのです。事務所の扉を勢いよく開けて、バンと中に入ると予想外の光景が目に飛び込んできました。

明らかに、そっち系だと判別できる男たちが、K社長を取り囲んで何かを迫っている最中です。この様子を見て、瞬時に危険だと判断。

「お前ら帰れ。ヤバそうやから帰れ」

扉が半開きの時、社員の2人を引き上げさせて、僕1人が残って扉を閉めたのです。

当然ながら男たちの視線は扉を閉めた僕に集中します。

粋のいい若いあんちゃんが、ドスのきいた声で睨みながらこう聞いてきます。

「お前、誰や？」

「お前、誰やって。先にそちらが名乗りませんか、普通？　名乗ってくれたら僕も名乗りますけど」

前述した管財不動産の職場で現場慣れしていたせいか、一歩も引かない態度がかえって火に油を注ぐ結果に…。

「誰に物を言うとんのや、ワレは！」

集中砲火の怒号が飛び交います。とても理路整然と対話ができそうな連中ではありません。

「ああ、谷本と言います」

「会社はどこやねん」

「エースタイルと言いますけど」

「お前、何しに来てん？」

「うち売り上げが入ってなかったんで」

「売り上げぐらいええやろ。ワシらは金貸してんのじゃ」

「お金やったら、うちも貸してます」

「お前、もしかしてこれかいな？　こんな公正証書出てきてんねん。これ、お前がやったんかいな？」

「そうですね」

「お前、なんか落ち着いとるけど何や。何がオモロイねん」

「全然面白くないですよね」

変に冷静沈着な様子に、向こうは勘ぐりを入れて矢継ぎ早に尋ねてきます。

「なんか落ち着いてるし、お前のバック、誰かおるんやったら出せや」

「いや、いないっすよ」

「普通、素人がこんなん巻かんやろ。ワシらの手口と一緒なんじゃ、こんなもん」

「いや、僕、弁護士とかに若い時分からお世話になってて…。人にお金を貸す時はきちんと契約を巻きなさいよとか、その契約の書面の作り方とか含めてそういうフォーマットや雛形が、僕のパソコンの中にはたくさんあるんで。ただそれでリスクヘッジしただけですんで」

「ほんなら、お前帰られへんから、ここ座れ」

つまり、彼らはK社長が隠している財産を僕から横取りしてすべて回収しようとする算段です。僕が巻いた公正証書を破棄しなければ帰してくれなさそうな状況ですが、こちらも3000万円ほどの返済が滞ったまま。会社の存続すら左右するほどの大金です。「もういらないです」とは口が裂けても言いません。

「お前、吐くまで帰さんからな」

扉に鍵まで閉められて軟禁状態でした。あまりにもお門違いな扱いと、さっきから失礼すぎる態度にピシャリと言い放ちました。

「さっきからお前とか言われてるんすけど、谷本って言いましたやん。せめて谷本くんとか谷本さんとか言ってもらえます？」

「S＃＄&％—&&…」

と、複数からひときわ大きな怒号が飛び交って正直、何を言っているかわかりません。唯一聞きとれたワードはこれでした。

「お前、ホンマしばくぞ!!」

「とりあえず帰さんやったら、帰さんで僕いますけど。怒るだけやったら、僕、もうしゃべりませんわ」

対決したコワモテ軍団は、総勢6名。何を言われようが回収するまで帰らない。そんな心づもりで根気比べが始まったのでした。

初めて父親に感謝した長い一日

時刻は夜の9時を過ぎた頃でした。

突然、扉をノックする音が聞こえると、コワモテの6人衆も直立不動。ドアロックを解除すると、えらい勢いで中に入ってくる人がいました。

「お疲れ様です！」

ガン首揃えた6人衆が頭を深々と下げて、1人の男性を迎えます。かなり年上の方で、第一印象はヤクザの親分。雰囲気も含めて間違いなく、上の立場の人でした。

「自分、谷本君て言うの？　谷本君さ、もし誰か庇っているんやったら早く出さないと、安全を保証できなくなるよ」

声のトーンは一段と低く、耳元でこう囁くのでした。コワモテの親分が優しくしゃべってくると逆に怖くて、気持ちに余裕がなくなった瞬間でした。

「本当に、さっきから何度もご説明さしてもらってるんですけど、誰も後ろにいてるわけじゃなくて、僕の大切なお金なんです。僕は26歳から経営を始めて、会社の給料も足りないから自分だけが我慢して、やっとできた貯金を貸したんです。だから、万が一にも返済できないとなると、従業員含めて路頭に迷うんです。だから、経営者として、やるべきことをやっただけなんです」

公正証書を見つめながら、親分らしき人はこう言います。

「自分、どこで生まれた？」

「大阪の生野区っていう場所です」

「お父さんって空手してるか？」

これを聞かれた時に、ドキッとしました。父親は蒸発して以降、音信不通で一度も会っていません。ただし、昔から喧嘩っ早い父親です。過去にヤクザとモメたと何度も耳にしていましたし、バブルで不動産を購入。失敗した負債を祖父が返済した記憶が頭をよぎります。

迷惑をかけた人がたくさんいる。

背筋がひんやりと寒くなったぐらい、次の返答が怖くて身構えてました。

「お父さんにいつもお世話になってます」

親分らしき人が頭を下げて、笑みさえ浮かべているのでした。

「何、何？　何ですか？」

「よっちゃん、わからへん？　よっちゃんやろ？」

名前は「よしつぐ」だからよっちゃんで合ってますが、このコワモテ親分を見た記憶が一切ありません。

「全然わかんないです」

「空手道場に小さい頃、自分も行ってたやろ？　その時、俺も行ったことあるんよ」

父は近大の空手部の主将時、学生チャンピオンにもなって結構有名だったそうです。

「お前ら、この人に謝らんか、アホが！」

さっきまでドヤしていた6人衆を見ると、顔が引きつって目が虚ろになっていました。

「すいません！」

頭を下げて謝り始めると同時に、親分が6人衆の前に立ちはだかって、順番に平手打ち。バンバン殴りつけてるのでした。

「人に謝る時はそんなん違うやろがい」

「すみませんでした！」

まさに九死に一生です。一気に事態が収束に向かうと、僕は急に帰社時間が気になり始めました。時刻も時刻。先に帰した社員を通じて、従業員みんなが心配しているはずです。

「いや僕、何もされてないですよ。全然いいですけど、早く帰りたいんですよ」

「なんぼ回収せなあかんの？」

「今、貸し付けているのがこれで、今月の売り上げこれです。今月の売り上げってことは、末締めの翌末やから、今支払いがたまっている売り上げ分もあります。合計でいったら3000万ぐらい回収しないと僕らは赤字になります」

「ワシら、こいつ捕まえておくから。もうあれやな。明日の朝来て」

聞けば、K社長の貯金を含めた財産が、5000万円弱あったそうです。

「もうわかった。谷本君、全部持って行きなさい。君の債権が一番でいいから、残りはワシらでやるから、ワシらの存在も忘れて」

「いやいや、僕はそれ以上も以下も嫌です。３０００万円で結構です」

そして翌朝９時前に再び事務所に行くと、Ｋ社長が朝一番に銀行から下ろしてきた現金がテーブルに置いてありました。

「これでいい？　では、公正証書返してもらうよ」

「はい、ありがとうございました」

思いもかけず父の知人の英断で３０００万円の満額を回収できたのです。

CHAPTER
5

営業のプロフェッショナル集団

▼通信大手の名刺で訪問販売

派遣会社から営業に特化した会社に変貌

創業直後からエースタイルは急成長を遂げます。その強みは人材確保と飛んだ派遣スタッフを手当てする人海戦術に尽きました。派遣スタッフの業務も短期の肉体労働から中長期のホワイトカラー系の事務作業中心にシフト。派遣先からも支払いの数字からはっきりとわかるので、ある日、新しいビジネスの提案をしてきました。

「派遣で続けるよりも、これからはうちの名刺を持って売りませんか？」

「うちの名刺」というのは、通信大手の企業名のこと。時給換算で稼ぐよりも成果報酬による歩合の方が会社の利益もアップするという提案でした。

実はうちの会社から派遣した営業スタッフが派遣先で時給の数倍もの売り上げを上げていたことから、エースタイルの営業力が評価されていたのです。

人材派遣は薄利多売の仕事です。仮に派遣スタッフが時給2000円だと仮定しましょう。200時間働いても売り上げは40万円。派遣スタッフに支払う給料を除くと、微々たる利益しかあげられません。それが販売代行業ならば売った分だけ、収益に直結するビジネスモデルです。優秀な営業マンがいれば少数精鋭でも大きな利益を稼ぎ出すことができます。前述したようにエースタイルには、若手の優秀な営業スタッフが数多く集まっていた時期だったので、断る理由もありません。こうして通信大手と業務委託契約を締結。通信大手の名刺を持参して販売代行業への門戸が開いたのです。

これまで人材派遣が柱となる事業でした。それが2009年からは携帯電話やインターネットの光回線といった商材販売が主な事業となりました。そこで社内でも営業ができそうな優秀な社員を集めて訪問販売や電話を使ったテレマーケティング、さらには催事販売まで始めたのです。ある時は、イオンモールのスペースを借りてキャンペーン。また別の日にはドン・キホーテで場所を借りてキャンペーンと怒濤の日々が始まりました。

業績は見事なまでに伸び続けて業界内でも噂が飛び交うほどでした。いくつかの通信系商社からも、相次いで声がかかりました。

「通信大手の直取引で売るんだったら、販売代理店として売った方が売り上げも立ちますよ」

通信大手の名刺で訪問販売していた頃は、ネット回線の1契約で4万8000円の報酬でした。当然ながら人材派遣業よりも売り上げは数倍にアップしました。順調すぎる営業成績に満足もしていたのですが、代理店業を名乗るとさらに収益が増えると豪語します。

「直よりも報酬が高いんですか？」

「同じ物を売ってもらったら報酬は1契約につき、5万8000円を支払います。差額は1万2000円の利益。ただし、通信大手ではなく、我が社の名刺になりますが、いかがでしょうか？」

通信大手の手数料と比べても、1契約で1万円の上積みです。社員の営業力が劇的に向上した今、通信大手の名刺がなくとも営業力でカバーできそうです。信用よりも利益を優先し、私自身も営業マンとして先頭に立てば同じように売れる自信もありました。

結論から言えば、通信大手から商社へと取引先を変更し、販売代理店になりました。そして販売代理店としては大阪で一番の成績をあげて、業界でもその名を轟かすような膨大な数の契約を取り付けました。

大阪一の営業力。そんな噂が立つと今度は別の通信大手や他の通信系商社も、「うちの商品を売ってくれ」と逆営業をされる立場となったのです。

電話回線からブロードバンドに移行後、ISDNがADSLとなり、そして最新の光ファイバーへ。ネット回線のスピード化で、まさにネットインフラの転換期でした。シェアの奪い合いで強い代理店になるほど、代理店側がメーカーを選択できた時代です。まさに弱肉強食の世界でした。

ところが、販売力のない代理店が次々と利益率を下げてキャッシュバックを餌に薄利多売で勝負をかけてきます。キャッシュバック戦国時代の到来です。

契約すればプレイステーション3のプレゼントどころか3万円のキャッシュバッ

クといった特典を付けて、契約獲得のためなら何でもアリの様相を呈します。しかも、過当競争がさらに激化すると、もはや採算を度外視する代理店まで登場。ライバルが撤退するギリギリまで赤字覚悟で踏ん張るような代理店まで現れたのです。

こうなると我々が得意とする営業力は二の次でした。遅ればせながら我々も4万円キャッシュバックという大還元まで実施して対抗策を打つのですが、到底太刀打ちできません。中でも一部の情報強者のお客さんはクセ者でした。

「あそこの家電量販店やったら5万円キャッシュバックしとったで」

1契約あたりの利益はたったの2万円以下。こんなムチャクチャな商売を続けていたら、会社の財務基盤すら揺らぎかねません。そこで、社員を集めて今後の展望を相談した矢先です。ミネラルウォーターのサーバーを売ってほしいというオファーが会社に持ち込まれます。まだ一般家庭にウォーターサーバーが普及していない時代です。展開次第では面白い商品で、メーカー側もこう言ってプッシュします。

「今はあまり見かけませんが、海外では一般家庭にも普及してます。いずれ日本も追随すると思われるので決して悪い商品ではないと思います。ぜひ、エースタイルさんのお力でウォーターサーバーを売ってもらえないでしょうか？」

1件の契約につき、2万5000円の手数料と、水の売値の1割が継続期間中は分配されると言います。条件的にも悪くありません。

そこでネット回線の販売を継続しつつ、並行してウォーターサーバーの販売を始めます。2010年3月のことでした。

ネット回線からウォーターサーバーにシフト

販売力での商売とあれば、エースタイルの実力は大阪ではナンバーワンでした。関西でウォーターサーバーを最も売る取次店となるのは、売り出して数カ月後。1年後には日本一ウォーターサーバーを成約した会社として表彰されたこともありました。

ところが、再び悪夢の繰り返しです。売れない会社が再びキャッシュバックのシステムを取り入れて、またもや過当競争の始まりです。ネット回線が家庭のインフラになったのに対し、ウォーターサーバーは必需品ではありません。他社からのキャッシュバック攻勢に追随しないと売り上げは確実にダウンするでしょう。

そこで1万円のキャッシュバックと、水を3カ月分無料のパッケージを組んで販売しました。僕一人で月間100件を超す販売量を記録しましたが、肝心の利益は激減です。1契約あたり、1万数千円の利益では僕が必死に売っても月次の収益はたった100万円前後でした。

キャッシュバック合戦が始まると、目に見えて取次店の利益が減っていき再び飽和点にたどり着きます。言ってみれば潮時を表示するサインのようなものです。

次なる一手は、太陽光パネルとオール電化の売り込み合戦でした。この頃は年商がまだ10億円には届いていませんでした、エースタイルは、営業販売に特化することで倍々ゲームのように年商が増えていきました。

▼なぜエースタイルは売ることができるのか

営業能力の高さは僕が作成したスクリプト

僕から言わせればセールスのスキルはコツさえつかんでしまえば、商材を問いません。その一番の秘訣はどんな相手に対しても、臆せずに自信を持って商品の魅力を伝えること。契約という実績を重ねていくと自然と人は自信も兼ね備えて、買わせたい相手へ心理的にも影響を与えます。

極論を言えば、1000円で購入した布団を100万円で売れと言われれば売れるのが「営業力」です。何を売るにしてもまず人を魅了するトーク術が不可欠。そしてトーク術に磨きをかければあたかも「魔法の言葉」のように相手に響きます。つまり、あなたが「魔法の言葉」を手にするかしないかが決定的な営業力の差となって現れるのです。エースタイルでは、僕が作成したスクリプト（台本）によって、営業力を最短距離で身につけさせます。いわば「マジックのタネ本」です。

スクリプトはお客さんをタイプ別に分類して、チャート式で答えを用意します。お客さんの対応いかんでトークも変化させて、さまざまなパターンに対応しています。僕自身が営業で何千回とロールプレイングしたトーク術をブラッシュアップさせて、より洗練されたスクリプトとして採用していますから、今でもエースタイル営業マンの「バイブル」になっています。

スクリプトを読んでその通りに実践すれば誰でも契約を取れる自信がアップします。うちの社員は真面目な子が多いので、僕が作ったスクリプトを一語一句間違えずにお客さんに説明するので自ずと成績も伸びてきます。

「営業は初めてです」

入社したての社会人でも、営業力を身につけさせるのは実は簡単。トレーニングを積んで完全にスクリプトをマスターすれば、誰でも確実に営業成績という数字が残せて自信につながります。

スクリプトはマニュアルとは似て非なるものです。スクリプトは、僕の海千山千の販売経験を万人向けに解説したものなので、再現性が高いのが自慢です。

ネット回線やウォーターサーバーを扱っている代理店や取次店は星の数ほどあると思いますが、その業界で契約本数が関西一。スクリプトをロープレで何度も反復練習させて、営業の全員が自分の言葉で語れるまで成長を遂げた結果がスクリプトの効果を何よりも雄弁に物語っています。

実践形式の社内ロープレで営業を徹底

どんなお客さんが来ても、確実にその日に契約を結ぶ――。

今でも徹底して教えているのは「即決契約」です。それ以外は「悪」とも教え込んで社員には徹底させています。

こう聞くと、何となくイメージ的に悪く思う人もいるでしょう。でも、考えてみてください。時間をかけるほど、お客さんの時間を奪っているのも事実で、先送りにするムダな時間が「悪」で、即決契約を「善」と社員に指導しています。お客さんの背中を軽く押してあげること。それが「善」だと教えているのです。

では、即決するにはどんなトークが必要か。まずはスクリプトを徹底的に教え込みます。わからなければ社内ロープレを実践。僕が新入社員の横について間近で見てもらって覚えてもらうこともあります。

妻のえり香は本来は営業が苦手なタイプでした。僕はロープレの録音を何度も聞かせて、覚えるまで反復させせました。まさに叩き上げで営業力を身につけてもらいました。最初は社員の誰よりも成績が下でした。でも、このロープレを何度も何度も繰り返して、泣きながら必死に覚えたことで、ある時から状況が一変したのです。誰よりも営業が上がって成績でも他の社員をごぼう抜き。営業のエースとなったのです。

エースタイルでは昔から、営業ができない社員でもスクリプトのロープレで一人前に育て上げてきました。

スクリプトの全容は、企業機密なので出せませんが、端的に言えば、「イエス」と言わせるのではなく、「ノー」と言わせない営業を徹底させています。

ミーティングでも営業の社員に頻繁にこう伝えます。

「人にイエスと言わせるのは難しい。ノーと言えないような営業に徹しよう」

要はお客さんが「ノー」と言わなければ最終的にはイエスという決断に傾きま

す。営業力のない人や勘違いした経営者ほど、強引に「イエス」と言わせようとして失敗します。

「ノー」と言わせない営業が、うちのスクリプトの秘訣なのです。

▼銀行マンの一言で…

売り上げ10億円突破しても子ども扱い

抜群の営業力で次々と契約を重ねて、ネット回線からウォーターサーバーまで数々の実績も挙げました。売り上げもついに10億円の大台を突破。意気揚々と銀行へ出向いた2011年の夏でした。

この売り上げを見せれば融資は簡単だ。

勝手にそう信じてメガバンクに出向くと、後日融資担当の銀行マンが会社を訪問。色よい返事を期待していると、見事なまでに鼻っ柱をへし折られたのです。

「正直、言いますよ。売り上げ10億円レベルは、人間でいうと小学生ぐらいですね」

「しょ、小学生ですか？」

「そうです」

「ははは…。10億円ってすごくないんですか？」

「ち○ちんに毛が生えるか生えないか。毛が生えるのは10億円以上からですね」

こんな表現で我が社を子ども扱いされて、こちらも逆ギレ気味で聞いたのです。

「だったらボーボーになるには、なんぼ売り上げがいるんですか？」

すると銀行マンはこともなげに、

「30億円ぐらいですかね」

こちらを見下して小バカにした対応に、無性に腹が立ってその日に社内で緊急ミーティングを招集しました。

「もっと単価の高い商材を売らんと、今までより3倍の売り上げは立たん。誰か周りで聞いてへんか？」

「太陽光発電とかえええみたいですよ」

これまで取り扱っていたネット回線やウォーターサーバーと比べても、太陽光パネルの単価は10倍以上です。1機売れば手数料だけで100万円から200万円も入ってくる計算です。1人が月に50件から100件売ると1億円から2億円の売り上げになります。これまでとは別次元の利益が見込めるとの皮算用です。僕はそのアイディアに飛びつきました。

「明日から太陽光売るぞ！」

逆ギレ会議から一転、太陽光パネルの販売で一致団結。早速取次店となって営業に取り組むと、たった2年で年商が30億円に到達。メガバンクの融資担当者が言い放った一言で導火線に着火、大きな転機となったのです。2013年のことでした。

最安値で太陽光パネルを売る意味

次から次へとヒットする商材を扱ってきたことで「次に当たる商品がよくわかりますね」と言われます。しかしそれは勘違いです。「先見の明がありますね」とも人から言われましたが、「当たっている」という表現自体が間違ってます。予測して「当てた」のではなく、「当たるまでやっている」から失敗しないのです。

これが僕のビジネスの鉄則です。実は、緊急ミーティングで決めた太陽光パネルの販売も初めは思うほど売れませんでした。僕以外の営業マンはまったく売れずに、戦略の見直しを迫られました。

「アポなしで訪問して、利益100万円やぞ。全然売れるのに何で自分らは売れへんのや？　今月だけで俺は30件契約してんで」

「うちの単価が高いので難しいんです。ヨソに相見積もり取られたら、うちのが高いって必ず言われるんです」

「相見積もりを取らせる隙を与えるからあかんのやろ」

新しい商材になると、そのつどスクリプトも新たに書き換える必要は確かにありますが、僕は普段通りに売れています。しかし、社員の成績は惨憺たるもので、「相見積もり」と言われると、そこでゲームオーバー。太刀打ちできない状況でした。

自分だけが売れて、社員がずっと成績が上がらないようではビジネスとして成り立ちません。想定外の営業成績に「不甲斐ない」と思ったことも正直あります。そこで大幅に戦略を見直して、こう宣言したのです。

よし、今日から最安値宣言を出す！

これまでの経験上、順調に収益を伸ばし続けている時に、必ずといっていいほど僕たちの営業力が通用しなくなるタイミングがきます。業績が伸びない他社がキャッシュバックを始めて、価格破壊を引き起こすからです。あの忌まわしきキャッシュバック戦略がまたもや始まっていたのです。

「相見積もりして負ける、と言い訳したやろ？　だったら相見積もりしても、うちがどこよりも安い。一番安いって価格にするから、それで成約を取ってこい。その代わり、取りこぼすなよ」

最後に加えて、「俺は100件売る」と宣言しました。これまで絶対に手を出さなかった「キャッシュバック戦略」に、あえて僕が率先してチャレンジしてみせたのです。

「僕、30件やります」

「私は40件やります」

「50件売ります」

気落ちした社員たちにも覇気が戻って、再び会社が一丸となって前向きに踏み出せそうなムードでした。太陽光パネルに先行して参入している業者は、仕入れ値も安く抑えられるので当然ながら利益率も高い。そうした激戦区の市場であえて、最安値で勝負を賭けたのです。

最安値で売ると利益は1機あたり、たったの3万円にしかなりません。それでも、僕にも勝算がありました。メーカーに掛け合ってインセンティブボーナスを提案し、メーカーから新たに収益のアップを取り付ける作戦です。

その当時、大手の家電メーカーが太陽光パネルの市場に軒並み参入していた戦国時代だったこともあって、ある大手メーカーには「販売強化月間にするので、御社のパネルが今月30件売れた場合は、インセンティブボーナスで100万円欲しい」と直訴。メーカー側も熱意に応えてくれて、この契約が後押しとなって2013年8月にはメーカーサイドから「太陽発電販売優良店」として表彰されました。

翌14年には「西日本地区優秀販売店賞」を達成し、他社を寄せつけないほどの機数を売り続けるとメーカーから厚遇される立場になって、ようやく軌道に乗ったのです。

なぜこれまで手を出さなかった価格競争に飛び込んで最安値で売ったかというと、商品の値段がこれまで販売した商材と比べても10倍以上の単価だったからです。最終的に販売実績という武器を持てば、仕入れ値の価格交渉ができると初めから踏んでいました。実際、販売実績を上げると太陽光パネルを業界最安値で仕入れられるようになって、1件ごとに20万から30万円の利益を手にしました。

「損して得取れ」は商売の鉄則です。

実は太陽光パネルを安く仕入れることができるまでは、会社の財務は厳しいものがありました。太陽光パネルは高額の商品です。お客さんは信販会社でローンを組んで購入するケースが多く、部材は先に発注して支払いが発生します。ところが入金は、工事が完了してから2、3日後になります。膨大な数の太陽光パネルを売っていたので、この当時は大金を右から左に動かして、会社にお金がまったく残らない感覚でした。

売れなくなった途端に、資金が途絶えるヒリヒリ感。会社の命運は、すべて一番売る僕の肩にかかっていました。営業マンとして最前線でフル稼働していました。ようやく僕が経営に専念する立場になるのは、まだまだ先の話です。

物を売り続けることの限界

1カ月の売り上げが、約1億円。

僕一人が太陽光パネルとオール電化の契約で売り上げた数字です。年間にして約

12億円。それでも頭の片隅には不安がずっとありました。

ネット回線にしてもウォーターサーバーにしても一定程度普及すると、市場が飽和状態となって営業成績もガクンと数字を落としました。

販売成績が順調で、たとえ前年度の倍の売り上げをあげていても、太陽光パネルの市場が頭打ちになるのは、時間の問題です。今ほど売れなくなる時期が必ず訪れる、との危機感が常にありました。

24時間一日中、頭の片隅から離れません。

プライベートでもつい、弱音を吐いてしまいます。妻のえり香と食事中、ついつい不安が先立ってしまいます。

「毎回、毎回、品を変えて売っていくのは正直しんどい。いつか太陽光パネルだってテクノロジーの進歩によって無用の長物になるかもしれん。それが5年後なのか、10年後なのか、はたまた20年後なんかわからへん。結局、エースタイルの課題は社会に長きにわたって必要とされる事業ではないこと。だから、心のどこかで自分たちの売る商材やサービスに自信が持てない。旬な商材やサービスを売ってるだけで、まだ旬を見極められるアンテナがあるから会社は右肩上がりに成長はひとまずできているだけや。これを永遠に繰り返してたら、僕もおっさんや。今はまだ流行についていけるし、体力もあるから大丈夫やけど、早いうちに社会に貢献できる事業にシフトせんとあかん」

太陽光パネルとオール電化は、政府や行政が「CO_2削減」という世界的な環境保護の機運に押されて販売を後押ししていました。たとえ単価が高くても「環境問題」という流行のワードに興味を持って購入した人も少なからずいました。

おそらく次のヒット商材は太陽光パネルのような高単価は望めません。営業を続けながらも僕は会社の将来の展開を必死に模索しました。

そんな矢先、ニュースなどで「少子高齢化」の問題が頻繁に取り上げられていました。今後の政府の対策次第では日本の屋台骨を揺るがしかねない大問題だと知りました。情報自体は非常にネガティブで日本の未来を悲観するような内容です。

しかし僕は、少子高齢化が次のビジネスチャンスだと直感しました。少子高齢化の一翼をになえるような事業で社会貢献をすれば、会社も安定した成長を続けることができるはず。そう漠然と意識したのは２０１４年頃でした。

まだ太陽光パネルを懸命に売っていた時期です。従業員の顔ぶれを見ると、営業力を兼ね備えた精鋭ばかりでした。全員が私の人柄に惚れ込んで、「社長との時間が一番楽しい」と言ってくれる子たちで、仕事終わりに毎日飲みに連れて歩き、ずっと一緒だったメンバーたちです。

なぜ常に一緒だったかというと、言葉は悪いけど「ご機嫌とり」でした。辞められたら困るから、気落ちした社員がいればお酒を飲み交わして発散させていたのです。

でも僕はこの後、介護業界への参入を決心します。２０１５年のことです。

介護・福祉にシフトして本当によかった点の一つに、飲みニケーションの廃止もあります。介護施設ではベテランでも新人でも売り上げが一緒です。つまり、接待の必要性がないのです。年に数回、全従業員を集めた食事会を、ホテルを貸し切ってするだけで、アフターファイブは関与せず。プライベートの時間に従業員も充てています。

今はSDGsが必然とされる世の中です。エースタイルは2015年に介護・福祉業界に参入し、労働環境も激変。偶然にもSDGsの理念に先駆けて、持続可能な世界へと踏み出していました。銀行もその理念に共鳴、一気に10施設を建てる巨額の資金を融資してくれました。仮に2023年に介護・福祉業界に参入したいと融資を申し出ても銀行は間違いなく「ノー」と言うでしょう。

いつの時代に、何を始めるのか。それが重要で、最近は特にこう思えるのです。「時代に選ばれたかもしれない」と。そんな錯覚さえ感じさせるのです。

CHAPTER

6

介護・福祉への大転換

▼地域最安値の老人ホームを目指して

立地の選定をマーケティングで

2015年7月にエースタイルが介護業界に進出して初となる老人ホームの「ウエルフェア摂津」が無事オープン。その直前の会議でした。社運をかけた今後の展開を考えるべく、密かに練っていたプランを社員の前で披露したのです。

「地域最安値で新築。その上、老人ホームがないエリアに施設を建てれば絶対に入居者は集まる」

今振り返っても、当時の私は、こと介護施設の運営に関しては右も左もわからない状況。それでも勝算しかありませんでした。

今後は老人ホームを主体にする。

といっても、どのエリアに建設すればいいのか、まだ手探りの状態です。わからないなら、データを集めるしかありません。まずは大阪府内の地図を拡大コピーして壁一面に貼ってみました。

「今ある老人ホームの場所を画鋲で刺していけば分布図が作れる。視覚でとらえた方がわかりやすいからみんなで刺していこう」

スタッフと夜通しで画鋲を刺していくと、介護施設が固まるエリアが一目瞭然となったのです。

郊外では東大阪市、枚方市。枚方から奈良、京都寄りの京阪沿線も画鋲が数多く刺さっています。

大阪市内でいうと東住吉区、生野区、平野区でした。要は土地代が安いところに老人ホームが集中していたのです。投資家目線で見ると、建物は大阪府下、どこで建てようが建築単価は変わらない。地代が安ければ家賃収入として見ても利回りがいいでしょう。

ここで、もう一つ疑問が湧いたのです。既存の老人ホームが満床にならないのはなぜか。そう考えた時、ある一つの結論に達しました。

どれだけおいしいご飯を飲食店が提供しても立地が悪ければ潰れてしまうよう

に、老人ホームにもこれが当てはまったのです。

老人ホームにとって、誰がお客さんかと言えば、入居者ではありません。面倒を見るご家族なのです。それが入居者の息子さんのケースもあれば、息子さんのお嫁さんのケースもあります。老人ホームに様子を見に来られるご家族にとって、行きやすい場所こそが老人ホームに最も適した立地条件なのではないか。そう考えたのです。

ご家族の自宅がある都心から遠く離れた風情のある介護施設は、入居者にとって確かに居心地はいいかもしれませんが、身内からすると様子を見に行くだけでも大変。ご家族の自宅から30分圏内が理想的な場所で、この条件をもとに未来の予想図を立てて、さらに施設の建設場所を絞っていきました。

数十年後も今と変わらず、都心部に人口が集まっていると仮定すると、働くオフィスは梅田や本町、難波から天王寺まで続く御堂筋線エリア。住環境はその周辺です。入居者とご家族はドーナツ化現象によって大阪市郊外に住居を構えていたとしても、今後は少子化によって家賃相場が下落。〝逆ドーナツ化〟が起きて大阪市内がメインの居住エリアになると予測しました。枚方市や茨木市近郊にしか住めなかった人たちが、旭区に引っ越して、その何年か後には都島区に転居する。勤務地からより近いエリアに移り住むのは必然です。

そんなシミュレーションを繰り返してすべての条件を満たしたエリアはどこか。競合する老人ホームが少ない上に、土地代が安くてアクセスしやすい場所は「城東区」「都島区」「鶴見区」。大阪市内でわずか3カ所でした。

中でも城東区は高齢化の進行が顕著で、大阪市内では平野区に続いて高齢者人口が多いエリアです。しかも、人口密度は全国4位。大阪市内では1位でした。

介護の拠点を城東区に決めて、物件の選定がいよいよ始まったのです。

老人ホームがない城東区にこだわる

当初は、地主が老人ホームを建築してその物件をエースタイルが賃借するというプランでした。城東区で何人かの地主と交渉すると、見立てと違って反応は芳しくありませんでした。

「城東区は、確かに老人はたくさんおるけど、老人ホームを建てるとここで亡くなる人も出てくるやろ。先祖代々持っている土地やし、縁起が悪そうやから嫌やわ」

「老人ホームを作るんやったら、賃貸マンション作った方が人が入るんちゃう？」

「老人ホーム？　無理やで」

何と交渉した全員に拒否されたのです。

普通の経営者ならば即撤退し、別のエリアを探すと思うんですが、城東区は大手の進出どころか、小さな老人ホームすらないポッカリと穴が空いた介護空白地帯。もしかしたらこれまで同業者らもさんざん断られ続けてきた地域かもしれない。人ができない困難な状況ほど、逆に言えばチャンスです。

もしエースタイルが土地を購入して、老人ホームを建設できたとしたら同業他社を何歩もリードできるアドバンテージが生まれます。

僕らが独自調査した結果を銀行にプレゼンして、「城東区と介護業界の相性」を声高に伝えてみると、行員も熱意に心を打たれたのでしょうか。土地を担保に融資も無事通過して、ついに城東区初となる老人ホームの建設が始まりました。

次なる課題は老人ホームの形態で、かなりの時間を割いて問題点の解消を探りました。

前にも述べましたが、介護スタッフは「利用者に寄り添ってあげたい」という強い気持ちを持っている人が多く、「多対多」の介護ではなく、ホームヘルパーなどの「1対1」の訪問介護形式が理想といいます。

1対1の介護の利点は他にもあります。スタッフの人数と関係なく、働くスタッフの負担がずっと一定で、決められた仕事量を着実にこなせばいいのです。

一方、「多対多」の老人ホームにも便利な面が当然あります。食事の面では食堂を利用し、マンツーマンよりも合理的です。突然の困った対応も介護スタッフの仲間がいるため、相互支援できれば効率的な介護ができます。しかし、現実はまったく逆なのはお伝えした通りです。

こうした現実と突き合わせていくと、理想は訪問介護形式の老人ホームでした。行き着いた結論は、「住宅型有料老人ホーム」と「サービス付き高齢者向け住宅」。

どちらも行政区分の中では自宅扱い。同じ建物内に訪問介護事業所という行政の許認可を取った事業所を設置して、そこから介護スタッフが高齢者の住む２０１号室や３０２号室に訪問する仕組みです。エースタイルの場合は、30分刻みで介護スタッフが順番に訪問して介護をします。

通常の訪問介護では自宅に向かうまでの時間を要しますが、住宅型でしかもマンションタイプは効率的です。万が一、何かあってもコールボタン一つ押せば数分で駆けつけられるので、スタッフも安心して働ける環境です。

妥協をせず、自らを信じて貫くことが、「介護業界の革命児」と言われる今のエースタイルの評価につながっているように思います。

本社から半径16キロのドミナント経営

実は城東区と決めた時、介護・福祉で「働きたい」と思う人たちが住むエリアを分析、プロファイルをしていました。それが以下の条件です。

①老人ホームで働いている方々は収入が高いか低いかで判別すると低い部類。
②介護士や看護師は、人のことをケアするのが好きな方が多く、既婚者の割合が高い。それでいてお子さんもいる。
③ワンルームを借りてない。ファミリータイプのマンションに居住している。
④所得は夫婦で合算して約40万円。
⑤家賃に払えるのは、だいたい20％から30％までじゃないと生活が苦しくなる。
　この条件を踏まえると、家賃10万円前後のファミリーマンションが多いエリアが候補にあがります。さらに、将来的に土地価格があまり高騰しないエリアとなると大阪市近郊に絞られました。

　守口市の大日駅界隈では50平米、家賃8万円で借りられる住宅街があります。大日駅から大阪市内に近づくと、10万円の家賃に近づき対象外。鴻池新田駅がある東大阪市近辺にも同じ価格帯の賃貸マンションのエリアがあります。守口市と東大阪市。両方から通勤で30分の交通アクセスが整った場所が鴫野駅や京橋駅のある城東区でした。

つまり、働き手の都合から考えて老人ホームに通いやすい場所をビッグデータから算出して割り出したわけです。

もちろん、働き手だけでなく、入居者の実態を把握した上での選定ですが、一極集中にしたおかげで、たとえ職員が「働いている施設が合わない」となっても近場の施設に異動して離職を防ぐ狙いもあります。

本社を中心に半径16キロ圏内に施設を集中させたドミナント経営は、ヒューマンエラーを防ぐ意味があるとともに、1回の求人広告で、同じエリアに属する5、6施設の求人をまとめるというメリットもあるのです。

広告費は枠や大きさで価格が変動し、一つの枠に1施設を紹介するよりも、5施設を同時に掲載した方が当然、単価は安くなります。5施設分ならば、広告費は単純に5分の1の経費で済むのです。

エースタイルが、右肩上がりに成長できたのは、人材獲得のプロセスにもマーケティングを取り入れた結果なのです。

信用を得るために自社ビル建設

大事なご家族を預かる老人ホームでは、何よりも信用を得ることが大切です。

そこで介護業界へ参入するにあたって、思いきった決断をします。

本社ビルの購入です。

現在の城東区鴫野西に本社を構えるまで、都島区の京橋駅近くにある賃貸ビルのテナントに本社がありました。

老人ホームへの入居者の応募をかけた際、まさか建設途中の現場を案内するわけにはいかず、そうなると本社に来訪していただくしかない。

「ここにお父さんを預けても大丈夫？」

そんな疑念を抱かせないようなブランディングが重要だと、自社ビルを建設したのです。僕には営業で鍛えた交渉術という武器もありますが、今までの商品やサービスの販売とは違い、ご家族から安心して介護を任せてもらうためには求められる「信用のレベル」が違います。

信用していただくには何が必要か。

自分にこう問いかけてみたのです。

自社ビルがあるか、ないか。どちらが信用ある？

誰でも自社ビルがある方がキチンとした会社と考えるでしょう。

では、1階に病院がある方がいいか、ない方がいいか？

やはり、病院がある方が会社の信頼性は高くなって医療にも強い会社だと認識されます。病院の他にも調剤薬局、歯医者にもお声がけして自社ビルのテナントに招きました。社会的に信頼性の高いイメージの職業の方にテナントで利用していただければ、たとえ介護業界に参入して日が浅くても、「悪い会社じゃなさそう」との印象をご家族は持ってくれるはずです。さらに今後、増える介護スタッフのため、企業内保育園まで設立。地域に貢献できる企業イメージを前面に打ち出しました。

普通ならこれで満足する経営者も多いと思いますが、私自身が考えた最後のピースはまだ揃っていません。

自社ビルを建てた場所は元々「大阪城温泉」という廃業した銭湯があって、自社ビル建設から数年後に隣接する土地も購入し自社ビルを2棟並びに建設したのです。

昔は家にお風呂がない家庭が多かったと聞きます。おそらく銭湯に通うのは日常だったでしょう。おじいちゃん、おばあちゃん世代には銭湯は慣れ親しんだ場所です。「お風呂屋さんのとこの介護施設」と呼称してもらえればと考えて銭湯のあった場所を購入したのです。

いくら地域密着を掲げても「外からやって来た」と、ヨソ者の印象を与えてはマイナスです。銭湯のビルを所有したのは、地元の憩いの場所。ゆくゆくは地域からも〝愛される会社〟になりたいとの思いからです。

購入したのは、最初の老人ホームの建設の最中でした。正直、予算オーバーとなる大きな買い物でしたが、それよりも地元の方々への「地域密着の企業」とのメッセージを優先したかったのです。

不動産を電話一本で即決

僕にとって管財不動産業での3年間のサラリーマンの経験は、介護業界に参入して以降も、大いに生かされることになりました。感謝してもしきれないほどです。自分で言うのも何ですが、不動産の知識はすごく明るい方です。大阪市内であれば「高い」「安い」の判断だけでなく、何丁目と聞いた瞬間に「1種」「2種」と容積率がパッと頭に浮かぶのです。容積率とは「土地に対して何階の家を建てられるのか」というもので、簡単にいうと人口を制限する基準。インフラ整備が不十分な地域に大きな建物を建てて、人口を増やすとインフラがパンクする。行政が容積率で制限を設けたのはそのためです。

「ここやったら1種60万円ぐらいやな。それ以下やったら札入れるわ（入札のこと）」

なじみの不動産業者から頻繁にケータイに連絡が入ります。営業マンにとって、僕のイメージはおそらく「即決してくれる社長さん」です。

住所と坪単価を聞いて、札入れした値段なら買う。無理だったら買わない。不動産に関する返答も首尾一貫して、「YES」「NO」をはっきり言います。余計な交渉事はしません。しかし、決断のスピードはどこよりも速い。だから優良物件の情報がいち早く集まってきて、色んな不動産業者が真っ先に電話してくるのです。

不動産の情報はあればあったに越したことはない。いずれお眼鏡にかなう物件と出会う可能性がより高くなる確率論ですから、より多くの営業マンが「情報を最初に届ける先」に選んでくれたことには感謝しかありません。

こう話すと、私が不動産に執着していると思われる人もいるのではないでしょうか。実は反対で、土地にも建物にも執着がまったくないのです。

建てた老人ホームは相場よりも安く買っているため、物件のニーズが高い施設がいくつもあります。でも、ずっと所有する不動産かと言えば「NO」。条件がよければ投資家に売ってしまう可能性だってあります。

もちろん、売った場合もエースタイルが全部借り上げて、今後もずっと老人ホームを存続させていきますが、単に土地と建物に執着がないので高く売れるなら「売る」。介護事業を続けていく上で、不動産の所有は重要かと問われると、実は優先順位は下の方なのです。

城東区は介護・福祉の街

大手住宅設備機器メーカーの「タカラスタンダード」といった有名企業が本社を構える城東区は、税収が比較的豊かな地域です。生活困窮者や生活保護受給者の人に対しても行政からの支援も手厚く、言ってみれば介護・福祉に向いている住環境なのです。城東区に本社ビルを建設したのは、諸々の検証結果によって招かれた、といっても大げさではないでしょう。それほど介護には適した街でした。

現在、運営する老人ホームは12施設。デイケアをはじめ、介護や福祉、看護、医療の事業所まで含めるとトータル32施設まで増えて、所有するビルは16棟。こう聞くと、「ずいぶん儲かっていますね」なんてとらえられそうですが、老人ホームは土地購入から建設費まですべて銀行からの借り入れ。合算すると老人ホーム1棟につき、最低でも5億円が必要です。これまで受けた融資はトータルで約70億円に上ります。

どのエリアのどの土地を購入すべきか。

事前調査を徹底するのは、万が一でも失敗が許されないからです。融資が滞れば入居者さんだけでなく、そのご家族までをも路頭に迷わせてしまいます。

「負けられない戦いがある」

サッカー日本代表のキャッチフレーズは広く知られていますが、心境は同じです。エースタイルを創業して以降、一度の減収もなく、ずっと右肩上がりで成長し、従業員数も今では1000人近くまで増えました。

旅は、まだ始まったばかりです。

▼ポジティブ思考に転換

自分の発言に「違和感」

「ありがとう」の一言によって大きな転機となったのは、冒頭でお話しした通りです。

その後、自分自身の経営者としての意識も少しずつ変化が見られて、これまで気にも留めなかった自分の発言に、少しずつ違和感を感じるようになりました。ちょうど桜が見える部屋で入居者さんをお送りした2017年頃です。

かつての僕は部下に対し、やれて当然。できなければ叱咤もいとわない性格でした。

ある日のことです。太陽光パネルの案件で、契約寸前でキャンセル。社員が落ち込んでこう告げます。

「すいません。契約が取れませんでした」

「何で？　そんなわけないやろ」

「本当に取れませんでした」

「マジかよ、最悪やな。説明、ちゃんとしたん？」

僕自身が社員を問い詰めながらも、異様な光景だと俯瞰で見てしまう自分がいたのです。

周りの社員も、こんなふうに社長がマイナス発言を繰り返す姿を本当に見たいのだろうか。

また、別の日の出来事です。社内でデスクワークをしていると、どこからか人が苛立つ声が耳に届くのです。

「あー、もう。何でわからへんのや」

ブツブツと愚痴る社員の独り言が、どうにもならないほど耳障りに感じます。それを聞いた周りの社員にもイライラが伝播していくのがわかるのです。おそらく誰もそんな愚痴を聞きたくないでしょう。

されて嫌なことはしないでおこう。

自分も含めた意識改革の始まりでした。ネガティブな発言をすべてポジティブに変換すればネガティブな人は寄って来ない。類は友を呼ぶではないですが、幸せな発言をする人に幸せな人が集まってくる、と自分の考え方を改めるようになったのです。

今では社内で、こんなたとえ話をします。

「どうせなら、君たちはキレイな花でありなさい。キレイな花であれば蝶々が寄ってきますよ。もしもゴミのような生き方をしていればハエしか寄ってきませんよ」

そこで生まれたのが、エースタイルが掲げる「しない」「しろ」「しよう」の5原則でした。

「しない」5原則は、

言い訳しない。

妥協しない。

遅刻しない。

マイナス思考な言動をしない。

愚痴を言わない。

蝶々のたとえも「しない」5原則に当てはまります。

「しろ」5原則は、
何事にも感謝しろ。

常に向上心を持って成長し続けろ。

全員が経営者であれ。

お客様や同僚に喜んでもらえる仕事をしろ。

会社を第二の家族だと思え。

本書で触れているビジネスの鉄則も、「しろ」5原則を理解するとわかりやすいと思います。

「しよう」5原則では、
自分自身が幸せになろう、そして関わってくださったすべての方々を幸せにしよう。

会社の利益を追求しよう。

整理・整頓をしよう。

伝えるのではなく、伝わるようにしよう。

今すぐにしよう、そしてなぜするのかを考えよう。

この5原則が徹底できている人は、おそらくどんな企業においても即戦力として重宝されるのではないでしょうか。人は意識一つで変わります。それが真心の「ありがとう」なのか、どんなスイッチなのかわかりませんが、きっと誰にでも変わるチャンスは訪れるはずです。

銀行融資を受けて一気に10施設をオープン

エースタイル初となる老人ホームを開業させる4カ月前の2015年3月のことです。実は、障害児童の放課後等デイサービスや児童発達支援といった福祉事業を先んじて始めていました。

介護・福祉業界で感じたのは、展開スピードが遅いとすぐに他社に真似をされる恐れがあることです。

「一気に店舗展開するから、みんなもその気でおってな」

新たな船出を前に、僕の中では、新規事業にかけるエネルギーで満ちあふれていました。児童デイサービス「ウェルフェア天王寺堂ヶ芝」と「ウェルフェア森之宮」の2店舗を同日オープンさせて、テレビCMまで放映。一気に多店舗展開を図って同業他社との差を見せつけるつもりでした。

とはいえ、多店舗展開をするには資金の調達にも気を回さないといけません。

これまで銀行とは、せいぜい2、3行の取引でした。ところがこの時代はアベノミクス真っ只中でマイナス金利政策。借りるには絶好のタイミングと、帝国データバンクでエースタイルの開示をすると超優良企業という評価まで加わりました。この評価が示すように、某メガバンクの行員に融資の相談を持ちかけると感触は上々で、しばらくするとさまざまな行員が本社に訪れ、約10行の金融機関と同時に話を進めたのです。融資のメドも立ち、一気に土地を購入する準備が整いました。

初めてオープンした老人ホームは「ウェルフェア摂津」で、約1年後に2号店の

「ウェルフェア大和田駅前寿洛苑」が誕生します。その後、加速度的に不動産を購入。同時に6カ所の土地を購入して施工も同時進行したのです。

本社のある城東区を拠点に「ウェルフェア城東鴫野」などを開業させて、隣の都島区界隈まで範囲を広げます。3カ月サイクルで開業して、一気に浸透させる狙いでした。

ただし、多店舗展開する中で懸念材料が一つだけ残っていました。老人ホーム1棟では売り上げが月1000万円程度で、この当時、会社の年間売り上げは38億円規模でした。メインの事業を介護に完全にシフトしてしまうと減収は明らかでした。銀行が一番危惧するのは会社の減収減益です。

そこで営業成績のいい人材だけを太陽光事業に残しながら、少しずつシフトチェンジを図って調整したのです。

その一方で、同業他社が参入する前に、スピード重視で施設展開。介護業界で大手と呼ばれるか否かの分岐点は10以上の事業所があるかどうか。大手になれば、さまざまな面で利点があるので、そこにこだわって資金の調達にも疑いを持たずに全力を注いだのです。

生かされる人材派遣のノウハウ

短期間で多店舗展開してまで、介護業界の大手に規模を拡大した理由はメーカーとの交渉力アップと同業他社の参入を許さないための戦略でした。

ある程度のシェアを握った次なる段階は、総合福祉介護の代理店業です。大手メーカーの性能がよりよいオムツを同業施設に卸すとともに、さらに別のアプローチもすでに練っていたのです。

「人材足りてらっしゃいますか？　もし足りないようでしたら、うちから派遣させてもらいますよ」

ラジオやYouTubeを駆使した人材確保の戦略が功を奏して、参入時から人材難とは無縁でした。余剰人員が生まれるほど人が集まったため、うちで雇用できなかった人材は、本人の同意を得た上で、エースタイルの雇用で派遣登録したのです。

「求人と同じ条件の施設が他にもあるので何カ月か試してみますか？　気に入りましたら、そのまま働いて正社員になれます」

業界では名が通った会社として認知度が高まると、ほとんどの人は断りません。こんな数字にも表れています。全国で介護職に従事する人の平均年齢は42歳なのに対し、エースタイルは20代後半。介護業界でも群を抜いて若いのが特長です。慢性的な人材難で悩む特養にも派遣し、ゆくゆくは特養の待機者解消を目指します。介護スタッフが足らずに、満床にできない施設でも人材さえ確保すれば空床の解消と、財政の健全化に舵が切れます。空室を埋めるには入居者の募集が必要ですが、派遣業務の一環として入居者の手配までエースタイルでカバーします。

「至れり尽くせりですね」

こう言って手放しに喜ばれる同業他社の経営者も少なくありません。でも、本来は自社で努力して対処するのが経営者の力量の見せどころのはず。それを放棄すれば経営者として失格。入居者や社員のことを考えればすぐに退場してもらいたいくらいです。

「介護の現場で忙しくて、対応できないんです」

こうした言い訳がまかり通ってしまう介護業界では、弱みにつけ込む怪しげなコンサルタントも出入りします。経営者も経営者で見極めができずに、ノウハウすらないコンサルタントに高い顧問料を支払っている施設もあるようで、介護業界の問題はまだまだ山積みなのです。

コンサルタントは立ち上げ支援のみ

「介護業界の革命児」としてそれなりに名も通ると、知人を介してさまざまな依頼が舞い込むようになりました。多いのはコンサルタントの要請で、藁にもすがる思いで打開策のアイディアをこう求めるのです。

「谷本さん、そこを何とかならないですか。うちのコンサル、ぜひやってくださいよ」

この日、初対面の某介護施設の施設長は、経営者と職員との板挟みに遭っていました。どちらの立場にも肩入れせずにいると職員の大半が「退職する」と反旗を翻したそうです。

職員側は、経費を目一杯削るケチな経営者の待遇面の改善に加えて、大幅な備品の入れ替えを要求。施設も老朽化して、年数的にも改装を必要とするタイミングでした。

僕は相談には乗りましたが、コンサルタントの要請は丁重にお断りしました。

基本、コンサルタント要請を受けても、受託するのは「立ち上げ支援」だけです。どんな状況に陥った施設も、瞬時に改善できるわけではありませんし、満床にできるか否かは、場所の選定からが大前提。駅から遠い地域にある施設は足枷があまりにも大きすぎるのです。今は満床にできたとしても、少子高齢化が進んだ未来には淘汰される施設かもしれない。

だからこそ、立ち上げ支援だけにこだわりました。

立ち上げ支援で多いのは、入院施設のある病院です。別法人で、「サ高住」ことサービス付き高齢者向け住宅の老人ホームを作って、患者さんが退院後、新たな施設で引き続きケアをするのです。

場所の選定だけに限らず、土地探しから施設の建設までエースタイルで請け負います。開業する時も施設長から介護スタッフ、それに窓口で応対する受付どころか、依頼があればスタッフ全員の派遣を引き受けています。要介護度の1～5で対応し、介護度に準じて金額を設定。仮に派遣したスタッフを気に入ってもらえれば、そのまま正社員登用も可として1年間、軌道に乗るまでの人件費からコンサル料まで事細かに提示しているのです。

病院側が悩むのは資金の工面だけで、金額が一致すればあとは入居者で埋まった介護施設の運営に専念するのみです。

どことは言いませんが、今、満室で流行っている施設も、場所の選定から入居までお手伝いをした、なんてケースも実は多いのです。

病院以外にも、エースタイルが出店しないエリアに出店する場合は、特例として「立ち上げ支援」のコンサルタントの依頼を受けています。

出店しないエリアとは、数十年後の将来、僕自身の調べでは人口減が予想される地域。エースタイルの方針とは合致しなくても他社には魅力的な土地だと思っているので、そこは一線を引いて依頼があれば協力しています。

老人ホームの経営をはじめとする介護、福祉事業の売り上げは常に安定しますが、関連事業の売り上げも年々増加。その比重はもはや本業を凌ぐ勢いなのです。

▼中小企業に必要な発信力

webメディアの難しさ

介護、福祉施設を増やして大手になると私自身の業界内の知名度ははるかに上がりました。でも、全国的な世間の認識度でいうと、まだまだ知られていないというのが現状です。

著名人が持つ発信力は大きな魅力です。

業界の常識を打開するため、発信力という武器があれば、より多くの人を巻き込むことができます。

有名になるには、会社を上場してテレビのニュースや新聞から世間に広めていく手段もありますが、昔から上場にそれほどのこだわりを持っていない性格です。上場という選択肢はありませんでした。

他の手というと、前に語ったようにYouTubeやSNS、それにメディアを通じて「有名になる」との結論に至ったのです。

ちょうど2019年の年始のタイミングで、「ZOZO TOWN」の創業者だった前澤友作さんがTwitter上で、100人に100万円を配る「お年玉プレゼント」とつぶやいて、バズりにバズっていました。

総額1億円という前代未聞のプレゼント企画で、この当時はまだ、Twitterでお金をプレゼントしてフォロワーを獲得しながらTwitterをジャックする発想は誰にもありませんでした。

特に若い世代には大きな話題となって、社内でも「リツイートしたよ」との声も聞かれるほど。

「フォロワーが何人おると思ってんねん。５３０万人だぞ。リツイートしても当たるわけないやろ」

一人だけ、傍観していたのが僕です。

数字に置き換えると、すさまじさがわかります。その当時、リツイート数の世界記録を大幅に更新。

年末ジャンボ宝くじの1等よりは当たる確率が高いので「可能性がある」とは……、誰もなりません。

ところが、です。

その１００人の当選者がうちから出たのです！

なんと、僕の弟でした。

前澤さんがプレゼント企画の当選者を発表すると、Ｔｗｉｔｔｅｒは再び大バズり。当選者には多数のリプがついて、再び世間は大騒ぎとなったのです。

著名人になるには今しかない——。

この話題を逆手にとって、すぐさま僕もYouTubeを開設して便乗したのです。

急ピッチで撮影した動画が「介護あかるくらぶ」で初めてアップした「【ガチ】100万円当たったのでYouTubeを始めます!【ZOZO前澤社長】」でした。登録者が一気に増えるとの目論見も当たり、1000人まではとんとん拍子でしたが、その後は厳しい結果が待ち受けていました。二匹目のドジョウはいませんでした。

女子野球部を作った理由とプロセス

仲よくさせてもらってる社長の一人で、焼き鳥チェーン「鳥貴族」のフランチャイズ店を複数経営されている方がいます。

何気ない会話から「ご飯行きましょうよ」となって、社長のお店の一つに出向いたのです。

飲食業界も介護業界と同じく、人が集まりにくい業界で、正直、チェーン店では僕が経営者目線で求める接客スキルを兼ね備えた人材はほとんど見かけません。ホテルとなると、相応のスキルを持つ人はいますが、価格相場がまったく異なると言われれば、それまでですが…。

社長との会話の途中、ホールスタッフの一人で、すべてをハイレベルで給仕する男性スタッフがいました。

接客の対応から何から何まで申し分なし。

「社長、彼に一杯奢っても大丈夫ですか?」

感動のあまり、ビール片手に乾杯です。この接客は、「育ち」のよさによるものなのか、それとも社の「教育」によるものなのか。気になって仕方がありません。

気のいい社長は、手の内を呆気なく教えてくれました。

「野球部の子なんですよ」

会社で男子の実業団野球チームを結成し、そのチームの募集に現れたのが彼でした。つまり、所属する選手兼社員だったのです。

小さい頃から野球が好きで、体育・スポーツ系の大学でも野球を続け、プロや社会人野球からお呼びがかからなかったものの、どうしても野球は続けたい。進路の優先順位はまず野球。給料や待遇は二の次、三の次という方で、野球部を持つ企業を探して、社長のところにたどり着いたそうです。

「うまいこと、うちにひっかかってくれてん。でも、将来の幹部になるよ、あの子は」

介護業界は男性よりも女性が働く比率が高く、自然と女子野球のチームが頭によぎります。もしもエースタイルに女子野球部ができたら、彼のような優秀なスタッフが続々と集まってくるのではないか。

「女子野球のチームってあるんですか？」

「たぶんないよ。京都にあるサプリメント製造の『わかさ生活』さんがチームを持っているはずで、わかささんが連盟のトップだから、連盟に加盟しないと試合もできないよ」

調べると、2009年に「わかさ生活」が「日本女子プロ野球機構」を発足させて、翌10年から関西を拠点に女子プロ野球が開幕します（21年7月に事実上消滅）。「わかさ生活」も福祉や介護に力を入れている企業です。きっと力になってくれるはず。そんな思いもあって、僕よりも一回り年輩の専務の方が交渉に向いていると判断して、何度も足繁く通ってもらったのです。

「介護業界の人材難」であったり、「女性たちのセカンドキャリアの構築にも役立てる」との見立てであったり、「関西初の実業団チームを発足して、野球を続けながら仕事をする環境を整える」など、専務が何度も説明して、ついに連盟加盟が実現しました。18年2月にチーム「Ｗｅｌｆａｒｅ女子硬式野球部」を発足させて、広島カープの元プロ野球選手、杉本（旧姓・国木）剛太氏を監督に迎えて、開幕を迎えたのです。

想定外だったのはチーム発足がニュースとなって、全国版の毎日新聞やスポーツ紙が報じて、それを見た野球を続けたい選手の親御さんや兄妹から問い合わせの電話がかかってきたことです。関西圏に限らず、全国からのお電話で、中には「野球ができる環境がないから娘は一度野球を諦めて、別の仕事に就いている」と話す親御さんもいました。

チームに所属する選手たちは間違いなく、うちに野球部がなければ介護の仕事に興味すら抱かなかった人たちです。

当然ながら彼女たちにとっては野球が第一なので、職場環境の説明には必要以上に注意を払っています。全国から応募があるので社員寮から働く介護の現場まで直接見てもらって、要望があれば1日体験で働くこともできます。

「こんな現場って楽しいんですね。入社します」

4月に入社後、5月までに介護職員初任者研修の資格を取得します。これはかつての「ホームヘルパー2級」に相当するもので、この資格を得て初めて食事や入浴など、入居者さんへの「身体介護」ができるようになります。

厳しい環境で野球を続けてきたからでしょうか。成長の速さは我々が驚くほどで、介護の現場でも即戦力として活躍してくれるのです。

女子野球部効果　縦社会と介護の親和性

体育会系の縦社会。

実は男子よりも規律に厳しいと言われるのが、女子の体育会です。先輩、後輩の序列は絶対。目上にあたるおじいちゃん、おばあちゃん世代は彼女からすると大先輩になります。ところが入居者さんからすると、10代や20代の彼女たちは孫やひ孫世代。そんな若い女性が軽々と体を持ち上げるのですから、非常に驚かれます。

返答もわかりやすくはっきり、声だって大きく通ります。

高齢の世代は男女問わず野球人気が根強く、その上、心地よく会話のキャッチボールができることもあって、野球選手たちは施設の人気者になりました。体感的にも野球部が発足して以降、施設内がより明るくなったそうです。

毎年、新たな選手たちが入部・入社してきます。ところがそんな若い選手にポジションを奪われ、一人の選手が「辞める」と言い始めました。

野球部が存続する限り、引退までは「辞めない」とタカをくっていたので想定外の事態でした。

「レギュラーも取れないし、体力の衰えも出てきましたので、もう野球を辞めようと思ってます」

彼女たちにとっては野球あっての会社で、無理強いはできない。正直、そう考えていました。

ところが二言目に出た言葉は、今も脳裏に焼きついて忘れられない出来事となりました。

「でも、会社は続けます。この仕事、私の天職なので！」

野球を引退してからも、老人ホーム勤めをする選手は6、7名。我々が想像するより、介護という職種が彼女たちにマッチしていたのです。

しかも、介護ヘルパーとしての手に職をつけた彼女らは選手を引退後、セカンドキャリアについても職にあぶれない。自然と社会貢献になっていたのです。

うれしい誤算はそれだけではありませんでした。彼女たちのセカンドキャリアを取材しようとテレビ局をはじめ、新聞社からの取材依頼も届き、CM以上の宣伝効果をもたらしてくれました。

現在、野球部は通称LUCKY LEAGUEこと「関西女子硬式野球連盟」に所属。クラブチームや大学、高校、中学のチームと連携を図って、トーナメント形式の大会に参加しています。参加チームの中には、あの阪神タイガースの女子プロ野球チーム「阪神タイガースWomen」も所属し、かなり手強いライバルです。まだまだ参加チームは少ないので高校や大学チームとの練習試合を通じて、女子野球の裾野を広げる活動がさらにできれば、競技人口の増加につながっていくでしょう。

▼谷本家について

経営者と大家族の父の間で

仕事の励みになっているのは、やはり家族の存在です。一番上の子が長女で9歳、その下が7歳の長男、そして3歳の次女、誕生したばかりの0歳の次男と、今では4人の子どもたちに囲まれて、毎日全力で楽しんでいます。

「4人もお子さんがいると大変でしょう」

うちの大家族を見て、そう表現する人はいますが、子育ても全力で楽しむ、仕事も全力で楽しむ、が谷本家のスタイル。仮に大変なことがあっても、全力で楽しんでいるとその気持ちが上回って「大変さ」を少しも感じないのです。谷本家はネガティブはなし。すべてポジティブで思考して、「やることが多くて、今日も1日時間が経つの早いな」と1日の充実を実感します。

心がけるのは自分の脳を「洗脳」することです。洗脳と聞くとネガティブの語感がありますが、要は脳を洗ってあげて、いつもリセットするのが大切です。否定的なネガティブ思考をすると、すぐに脳を洗ってリセット。ネガティブに導かれる前にリセットして、いかにも対応できるようセットし直すのです。

4人の子育てをしていると、毎日がドラマのような出来事の連続です。さまざまな場面に遭遇しますが、全力で楽しんでいると笑って気持ちいい毎日が送れます。

長女の出産と福祉事業

エースタイルが福祉事業を始めたのは、子どもの誕生と実は縁があるのです。ちょうど10年前、妻のえり香が長女をお腹に宿した時、産婦人科の定期検診に向かいました。僕も一緒に立ち会い、担当の医師が「順調に育ってますよ」との言葉の後に、こう告げるのです。

「出生前診断をされます？　診断で、ある程度のリスクが調べられます」

出生前診断とは、胎児の状態や疾患などを見つける検査のことです。それを聞いて、少々の憤りを感じざるを得ない心境でした。

たとえ障害を持って生まれてこようが、僕の子どもに変わりはない。

正直、検査する必要すらないと思っていました。

「相談した上で決めてもよろしいでしょうか」

いったん保留にして病院を後にすると、不満げな空気を察知した妻はこう諭します。

「知っておくことで準備ができたりするよ」

確かに、自分にはない視点でした。それよりも、自分自身がこれまでの人生で、真剣に「命」について深く考えた経験がなく、頼りない知識をもとに感情が先走っていたのかもしれません。

万が一、障害を持って生まれるとしたら、僕はどうするのだろうか。自分に責任を感じるんじゃないか。

すると以前、病院でこんな場面に遭遇した記憶が蘇ったのです。生まれたばかりの子どもに、母親が「ごめんなさい」と泣きながら謝っていた場面です。何気なく、横目で歩きながら見ていましたが、深く考察しなかった自分を、今になって恥じるような思いでした。

「少子高齢化を解決する」

高齢者の介護事業だけに集中し、少子化の部分は何も手つかずです。

仮に障害を持っていたとしても特別な才能がある子どもたちはたくさんいます。そんな子どもたちをサポートして、ゆくゆくは社会の一員として羽ばたける社会に。それが急務だと考えて、社内でも議論を重ねたのです。

介護事業を始める前に、前倒しで障害児童の放課後等デイサービスや児童発達支援を立ち上げました。このまま福祉事業を続けていくと、何人かの人たちがうちの会社を心から必要としてくれるかもしれない。そんな思いが芽生えて、大阪府内で事業展開して8施設まで増えました。

エースタイルしかできない事業——。

今となっては、長女の誕生が、社会の課題と自分の経営者としての役割を鮮明にしてくれたように思えます。

人生を変えたえり香への感謝

確信を持って言えます。妻のえり香がいなければ、おそらく僕の人生は大きく異なっていたでしょう。「感謝」しかないのです。人生を華やかに彩ってくれたのは彼女のおかげです。

彼女と過ごして、自分自身の決定的な欠点にも気づきました。

「人を育てること」です。

自分とタイプが近い人であれば何の不都合もありません。

「将来は経営者になりたいです」

そんなタイプが僕と似た若者です。仕事を一刻も早く覚えたいと思っているのでスポンジのように教えたことを吸収します。そして野心家であり、向上心も人一倍強いので打たれ強さもあるのです。

僕とタイプが違う人とは、言葉は悪いですが、サラリーマン気質の若者です。そんなタイプには教えるのがめっぽう苦手で、どう教えればいいのか、正直わからなくなります。

「世の中って、害なく働けたらいい、とりあえず生活に困らないお給料だけもらえたらいい、という人たちが多いんだから。あなたみたいに、世の中の人が経営者だけになったら誰も社員になってくれないよ」

妻は結婚する以前からサラリーマン気質の属性です。経営者をしたかったわけではなく、たまたま結婚した人が経営者で、その経営者の鬼教官のもと、泣き言も無視して徹底的に鍛え上げられたのです。

とはいえ、元々妻はそんなタイプなので野心のない社員の気持ちを十二分に理解して、社員もまた彼女を頼りにするのです。

「人間じゃなくても同じ生産性を上げるぐらいのマニュアルを作る」

妻がよく言うセリフです。続けてこんな比喩でたとえたりします。

「物差しにすら仕事をさせるんだよ」

誰にでも対応できるマニュアルとの意味合いで、「さまざまな色があって当然だし、色が偏っちゃうと弱いよ」とも付け加えるのです。

会社にはさまざまなタイプの人がいて、それで会社は成り立つという意訳です。

多様性が叫ばれる昨今、働きやすい職場作りはやはり妻が向いているようです。

結局、何を言いたいかというと、妻のえり香がいなければ「エースタイル」という会社は成立しなかったのです。

僕の決定的に欠けている能力を補ってくれるのが妻で、僕は社長でありながら一人前かと言ったらそうではない。２人を足して、ようやく一人前になれると思っています。

その昔、親友を含めて全員と縁を切って、再出発をしたので僕には、心を割って話せる友達と呼べる存在がいません。その友達の役割も、妻がになってくれています。恋人や夫婦という関係よりも、公私ともに一番のパートナー。親友みたいな感覚で今でも一緒にいると楽しくて仕方ないのです。

そんな関係でもある出来事をもとに険悪となって、しばらくの間、会話すら途絶えたことがあります。

起業してまだ数年経った頃です。

「営業したくない」という妻に、営業のイロハをレクチャー。身内が成績を残さないと格好がつかないからと言って、スパルタ教育をしました。誰よりも厳しく接して、従業員の前で泣くまで怒った経験もあります。

自宅に帰ると空気は険悪です。一言もしゃべってくれない時期もありました。僕は僕でプライドがあって、会話を拒否するならこっちもお断りとばかりに無視を決め込んだのです。

そんな苦難の時期を経て、今があります。

最近、起業家を育成していると、こんな相談を受けることがありました。彼は「谷本家【TORICOMチャンネル】」の視聴者。このチャンネルでは、えり香と一緒に経営やお金、プライベートについてあれこれと語り合っているのですが、どうやらこの夫婦談義に触発されたようで、こう言います。

「夫婦一緒にYouTubeもやられて、本当に仲がいいので憧れます。私たちも夫婦で一緒に経営したいんです」

僕のアドバイスは間髪いれずに「やめときなさい」でした。たまたまうまくいっただけで、人をどこまでも受け止める彼女の器によるものが大きいからです。

そんな妻のえり香に、そばで支えてくれていつもありがとう。心から感謝しています。

装丁・デザイン　渋沢企画

谷本吉紹（たにもと・よしつぐ）

1979年2月28日大阪生まれ。株式会社エースタイルホールディングス代表取締役。人材派遣、管財不動産専門会社を経て、2001年（平成13年）から介護ビジネスに進出。07年に株式会社エースタイルを法人化。現在は従業員350名（2021年4月度実績）、運営施設数は30以上を誇る。また介護・福祉ビジネス以外にも2018年（平成30年）には実業団チーム「WELFARE女子硬式野球部」を発足。2019年からはFM大阪で「WELFARE group presents それU.K.!! ミライbridge」をスタート。DJとしても活躍中。22年からはYouTubeにも進出し「令和の虎」の虎役で出演するほか、自身のチャンネル「谷本家」を運営するなど実業家だけにとどまらないマルチな才能を発揮している。

介護で儲けて何が悪い

第1刷　2023年7月31日

著　　者　谷本吉紹
発 行 人　小宮英行
発 行 所　株式会社徳間書店
〒141-8202　東京都品川区上大崎3−1−1　目黒セントラルスクエア
電話　編集(03)5403·4332　販売(049)293·5521
振替　00140-0-44392
本文印刷　本郷印刷株式会社
カバー印刷　真生印刷株式会社
製　　本　東京美術紙工協業組合

ISBN978-4-19-865654-6